버티는 힘, 언어의 힘

버티는 언어의
—   ,   —
힘   힘

신동일 지음

P 필로소픽

	시작글	8

01 분투하는 그대에게

1 착해야만 하는 그대에게

"고객님 죄송해요"	15
서바이벌 오디션, 혼내는 몰래카메라	19
아이돌 스타의 90도 폴더 인사	23
승무원의 친절한 말과 갑질 고객	27
진흙탕이 되는 직장	33

2 차별받는 그대에게

'우리 사람'만 찾는 학교 문화	41
여자 월드컵 축구팀의 동료애	47
청탁하는 꼰대와 거리 두기	50
"한국말이 서툴러 때렸습니다"	56
'순수한 의도'를 따지는 의도	59
축구를 보지 않아도 되는 이유	63

3 버티고 있는 그대에게

캐서린의 마라톤 완주	69
할머니처럼 버티기	75
감정 흡혈귀로부터 독립	78
일 중독에서 벗어나기	83
큰 스승에게 구하는 것	89
"당신 잘못이 아닙니다"	95

02 자유와 사랑을 되찾으며

4 자유를 다시 찾기 위해서

코로나 시대에 꿈꾼 자유 105
반지성주의를 경계할 것 109
빼앗긴 금메달에 관해 113
폐쇄된 언어사회 118
공공정책과 민주주의 121
마스크 1 125
마스크 2 129

5 온전하게 사랑하기 위해서

나르시시즘에 대하여 133
싸이와 김장훈: 사랑과 미움 138
사랑은 낭만이 아니라 기술 141
소유와 존재 146
사랑을 꿈꾸는 이유 152

03

버티는 삶, 언어의 힘

6 랭스코퍼로 버티기

싱어송라이터로 살아가기 159
소설로 버티기 165
드라마로 버티기 171
읽고 보이는 것으로 하루를 버티기 174
미니멀리스트로 산다는 것 1 179
미니멀리스트로 산다는 것 2 182

7 버틸 수 있는 언어의 힘

대면으로 다시 만나야 하는 이유 189
MZ 세대와 소통하고 싶은 분들에게 192
단일언어 사회 바깥에서 196
명절의 언어잔치 201
불이행의 정치, 정치인의 언어 206
노아의 언어를 상상하며 209
언어에 관한 상식, 언어 연구자의 역할 212
담론과 언어감수성 교육 216
언어기술은 자기배려의 기술 219

후기 225

부록: 자유, 사랑, 언어에 관한 지침

    자유에 관해서   229

    사랑에 관해서   232

    언어에 관해서   235

미주   238

시작글

팬데믹의 공포가 우리의 삶을 짓누를 때 자유와 사랑의 욕망이 차고도 넘쳤죠. 우리는 팬데믹만 끝나면 멋지고 아름답게 살 것이라고 다짐했습니다. '자유롭고 싶다.' '마음껏 만나고 사랑하고 싶다.' 이건 팬데믹 시대에 가장 소원했던 우리의 욕망이었습니다. 격리의 시대를 이제 지났는데 그토록 기대한 대로 모두 자유롭고 행복하게 살고 있나요? 이동과 탐험을 다시 시작하고, 자신만의 고유한 삶을 살고 있는지요? 안타깝게도 우린 이전과 다를 바 없는 삶을 살고 있는지도 모릅니다. 우리 사회는 여전히 개별적이고 고유한 삶을 통제하는 권위주의 사회, 차별과 배제를 정당화하는 이항대립의 사회이니까요.

우리의 삶에 어떤 문제가 있다면 언어감수성(language awareness)이 동원되어야 할 때입니다. 응용언어학을 가르치고 연구하는 나는 자유와 사랑에 관한 자기배려를 위해서라도 비판적인 언어감수성 교육이 모두에게 필요하다고 주장합니다. 언어감수성이 있다는 건 보고 듣고 말하고 읽고 쓰는 '언어'에 민감한 것입니다. '민감하다'는 건 무던하지 않은 것입니다. 비판적 감수성을 가져야 하는 언어는 일상 대화,

광고나 영화, 시와 소설, 정치나 경영 담론 등 여러 장르에서 각기 다른 형태와 내용으로 등장합니다.

그렇게 언어에 관한 비판적인 감수성을 가진다면 우린 자유를 속박하고 사랑하는 관계를 왜곡하는 여러 종류의 고립과 고통에 대해 좀 더 민감할 수 있습니다. 아픈 것을 아프다고 느낄 수 있습니다. 느낄 뿐 아니라 아프다고 표현할 수 있습니다. 왜 그런 일이 생기는지 궁금해하고, 다른 삶의 방식은 없는지 탐구하게 됩니다. 언어감수성이 생기면 우리는 더욱 경청하며, 질문하며, 대화에 참여하고, 이야기를 나누며, 논증을 만들게 됩니다.

감염의 시대를 지나 온전한 자유를 찾고 서로 존중하는 사랑을 선택하려면, 자신과 세상을 둘러싸고 있는 언어와 기호를 비판적으로 이해하고 새롭게 편집할 수도 있어야 합니다. 세상의 질서나 나의 내면은 모두 언어와 기호로 구성된 것이니까요. 회복과 변화를 위한 연장통으로 자기만의 언어기술과 언어감수성을 연마해야 합니다.

그런 생각이 겹쳐지면서 나만의 고민과 고백, 탐색과 확신의 글을 정리하여 이 책의 원고를 만들었습니다. 권력에 결박되지 않고 보다 나은 언어사회를 꿈꾸는 것이야말로 연구자로서 내가 붙들고 있는 귀한 신념이었다는 것을 확인했습니다.

고통을 이겨내고 세상을 다시 직면하면서 나는 앞으로 랭스코퍼(langscoper)의 인생을 살기로 결심했습니다. 마이크로

(micro)스코퍼는 작은 사물을 보는 현미경입니다. 텔레(tele)스코퍼는 먼 대상을 보는 망원경입니다. 언어를 통해 세상을 지켜보는 렌즈는 랭스코퍼인 셈이죠.

마치 그림을 붓과 물감 같은 도구로 그리는 것처럼 나는 권력과 자유, 소외와 사랑, 개인과 사회, 회복과 변화를 내가 가르치고 연구하는 언어기술, 언어감수성, 언어통치성으로 서술하고, 해석하고, 설명하려고 합니다. 우리의 문제, 사회의 문제는 언어의 문제입니다. 모든 것이 언어의 문제라고 말하면 지나치겠지만 자유를 지키고, 사랑을 욕망하며, 새로운 시대를 기획하는 일에 랭스코퍼라는 연장통을 빼놓을 수 없습니다.

예를 들면, 억압적인 권력은 대개 관례적인 언어사용에서 보존됩니다. 조지 오웰의 소설《1984》를 한번 보세요. 차이와 다양성의 언어를 억압하면서 가부장적 사회구조를 유지하고, 사랑하고 사랑받고자 하는 욕망의 심리를 왜곡하며, 일상적인 자유마저 철저하게 통제하는 모습을 보여줍니다. 대체 권력자는 왜 언어를 통제할까요? 그건 언어야말로 차이와 다양성의 가치를 빼앗고, 개인의 자유와 사랑을 통제하여 지배적인 권력에 순복시킬 수 있는 핵심 장치이기 때문입니다.

사랑 안에서 살면서 자유롭게 산다는 것이 쉽지만은 않습니다. 나만 해도 가부장적 가정, 권위주의 사회에서 자랐기 때문에 각자의 공간을 존중하며 서로를 배려하는 관계성에 익숙하지 못했습니다. 다행히 나는 서구 교육사회를 경험할 수 있었고 언어를 통한 통치사회를 연구하면서 자유와 사랑의 가치를 새롭게 성찰할 수 있었습니다. 자칫 반지성주의, 종교적 근본주의, 서구 중심주의에 갇힐 수도 있었지만 인문대학에 소속된 교수로 식민주의와 복종적 주체에 대해 꾸준히 문제의식을 축적할 수 있었던 것입니다.

세월호 참사부터 팬데믹 사태까지 우리에겐 많은 일이 있었습니다. 이 책은 우리가 목격했던 위험사회의 징후를 언어감수성 연구자의 시선으로 다시 해석한 결과물입니다. 고통의 감정을 도려낸 유토피아적 내면과 사회질서를 섣불리 낙관하지 않고 우리를 미궁에 빠뜨린 고립과 대립의 텍스트를 담담하게 살펴본 것입니다. 배타적 공방이나 공학적 해법이 난무하는 지금 시대에서 나는 여전히 언어감수성 교육의 힘을 믿습니다. 버티는 힘, 명민하게 비판하고 새롭게 창조할 수 있는 힘은 언어와 기호를 매개 삼아 더욱 딴딴하게 가공될 수 있습니다.

나부터 더욱 자유롭고, 온전하게 사랑하며 살고 싶습니다. 언어로부터 구성되는 실천의 힘도 기대하려고 합니다. 언어로 조작하고 포획하는 통치권력, 혹은 언어적 타자의 정체성이 왜곡되는 메커니즘에 대해서 더욱 많은 분들과 나누고 싶습니다.

저자 신동일

01

분투하는 그대에게

분투하는 삶에 지쳐간다면 어디에서든 누구로부터든 비유와 상징의 언어를 찾기 바랍니다. 언제든지 비루해질 수 있는 삶을 버티려면 나와 세상의 또 다른 가능성을 꿈꾸어야 합니다. '또 다른 존재의 미학'은 비유와 상징의 언어로부터 기획되거나 상상될 수 있습니다.

"

(1)

착해야만 하는 그대에게

"고객님 죄송해요"

"이게 고객에게 할 태도야? 여기 책임자 나오라고 해!"

참 황당합니다. 스타벅스에서 차가운 라떼 한 잔을 시키면서 고객'님'이 직원에게 "이게 고객에게 할 태도"냐고 고함을 지르네요. 말투가 마음에 안 든다고 합니다. 화를 참지 못하고 멱살도 잡으려고 합니다. 직원의 언어는 깍듯하기만 한데 말투를 꼬투리로 잡고 갑질하는 고객'님'이 넘칩니다.

직원이 사용(해야만)하는 표준적이고도 상냥한 언어와 갑질 고객의 위압적인 위치성은 서로 무관하지 않을 것입니다. 직관적인 판단이 아닙니다. 나는 말의 위생화, 감정노동, 특정한 언어기술을 가져야 하는 행위자 주체성에 관해 가르치고 연구하고 있거든요. 충분한 근거를 학술연구의 논증으로 제시할 수 있어요.

갑질 고객이 시비를 걸곤 하는 말의 태도, 혹은 말투는 '말의 모양'입니다. 장르가 달라지면 말을 사용하는 관행도 달라집니다. 트로트와 달리 힙합이라는 장르에서는 말이 험해지곤 합니다. 마찬가지로 매장에서 고객이 직원에게 고함을 지르며 명령문을 의례적으로 사용할 수 있다면 거기 말의 모양은 마치 장르적 관행처럼 고정된 것입니다.

직원이 어떤 고객에게나 예쁘고 표준적인 말로 응대해야 하는 장르에서는 고객과 직원의 권력관계가 좀처럼 달라지지 않습니다. 늘 듣던 말투가 아니라면 화부터 내는 갑질 고객이 등장할 수밖에 없죠. 달리 말하면 말투로 시비를 거는 갑질 고객과의 권력관계를 바꾸기 위해서는 직원이 사용할 수 있는 말에 자유가 허락되어야 합니다.

진상 고객의 말을 녹취해서 분석하진 않았지만 말투 때문에 갑질을 당한 직원은 아마도 말끝을 '솔' 톤으로 올리지 않았거나, 평서문이 아닌 (부가)의문문 문장형식을 사용했거나, 종결 어미를 '다'로 끝내는 단문이 아닌 '요' 어미, 혹은 접속어로 문장들을 연결한 중문 형태로 말했을 수 있어요. 내용은 크게 중요하지 않죠. 직원이 무례한 내용을 말하진 않았을 겁니다. 아마도 말의 모양에 대해 갑질 고객이 시비를 걸었을 것입니다.

늘 듣곤 했던 표준적이고 예쁜 말의 모양이 아니었기에 고객은 그게 못마땅했겠죠. "그게 고객에게 할 태도"인지 따지면서 정작 본인은 직원에게 마음대로 말하죠. 뭐든 선언할 수 있는 현재형의 시제, 명령문의 문장 형태를 자주 사용합니다. 갑질 고객은 목소리를 더 높이고 "본사에 전화해라" "경찰을 불러라" 그렇게 온갖 소란을 피웁니다. 직원은 의미협상의 주체가 되지 못하고 결국 다음 문장을 전하며 시끄럽던 상황은 종결됩니다.

"고객님, 죄송합니다."

갑질 고객은 듣고 싶었던 착한 말투를 결국 받아냈군요. 그런데 이건 정말 아닌 것 같네요. 설령 핫 아메리카노를 아이스라떼로 잘못 가져왔든, 손님에게 재차 질문 형태로 확인을 했든, 그게 뭐 그리 야단할 일, 죄송한 일인가요? 한번 생각해보세요. 언제나 예쁘고 반듯한 말을 사용해야 하는 일터는 좋은 곳일까요? 자신의 말투를 두고 시비를 거는 곳에서 일하고 싶으세요? 획일적인 말, 혹은 매뉴얼에 적힌 대화로만 고객을 응대해야 할 뿐 쌍방향 의미협상이 허락되지 않는다면 거긴 좋은 일터가 아닙니다. 나는 내 말을 할 수 있어서 나다울 수 있는 것인데, 말이 통제된다면 관계도 위축되고 스스로도 바보처럼 느껴지죠.

가만히 있지 마세요. 어딘가 기록하고 이의를 제기하도록 합시다. 지금 그곳에서 일하는 걸 중단할 수 없는 형편이라면 동료와 계속 의논하면서 말의 모양이라도 자유롭게 사용할 수 있도록 뭔가 해야만 합니다. 말에 의해 인격이 훼손되고 불통이 축적되는 곳에서는 성과나 성취 역시 온전할 수 없습니다. 고용인이나 고객이 직원의 성별, 생김새, 체형, 고향 등을 두고 괜한 시비를 걸지 말아야 하듯이 직원만의 고유한 말투도 존중되어야 합니다.

우리 모두 예쁘고 표준적인 말이 상품적 가치가 있다고 막연하게 생각했었죠. 그래서 많은 회사가 메뉴얼에 따른 대화를 전 사원에게 교육하고 말하는 방식마저 표준적으로 사용하도록 요구했어요. 그러나 폐해와 부작용이 계속 드러나고 있습니다. 서비스업에서 고객과 대면 소통을 하는 직원이 예쁘고 상냥하게 말해야 한다면, 평소에도 그렇게 말하는 직원을 뽑아야 합니다. 다른 누구처럼 예쁘고 상냥하게 말하라고 강요하지 말아야 해요. 살면서 사용하던 우리의 말투는 잘 바뀌지 않습니다.

서로 다른 삶을 존중하듯이 서로 다를 수밖에 없는 말투에 관대해야 합니다. 혹시 잘 꾸미지 않은 얼굴을 보면 그냥 화가 나세요? 과체중인 몸들을 보면 짜증이 나세요? 아픈 사람 보면 그저 불쌍하세요? '알바나 하는' 청년들 보면 한심하세요? 다 이유가 있습니다. 지금 다르게 살아가는 삶의 모양을 단정적으로 상상하고 폄하하지 마세요.

말도 마찬가지입니다. 내 말투, 억양, 표현하는 스타일, 모어나 상용어는 내 의지로 선택한 것이 아닙니다. 어릴 때부터 자연스럽게 습득한 말이고, 살던 곳에서 늘 사용한 말이며, 주위 사람들과 해야만 했던 말이기도 합니다. 우리가 반드시 들어야만 하는 단 하나의 표준적인 말은 없어요. 말이란 것에 무슨 대단하게 지켜야만 하는 원칙이 있지도 않아요. 만만하게 보이는 사람들 입에 그렇게 족쇄를 채우고, 말투로 갑질을 하고 시비를 거는 세상이 되면, 그건 우리 모두가 감수해야 하는 사회적 비용이 될 겁니다.

서바이벌 오디션, 혼내는 몰래카메라

오디션 방송을 보면서 불편한 장면이 있습니다. 화면을 가득 채운 심사위원의 엄숙한 표정입니다. 젊은 참가자들이 바짝 긴장합니다. 질문도 제대로 못합니다. 다른 의견을 말하거나 따지기 힘듭니다. 참가자들에게 요구되는 바람직한 태도는 정해져 있습니다. 약간 어리바리하면서 착해야만 합니다.

시청자도 그런 화면을 따라갑니다. 심사자가 웃으면 참가자도 웃고, 그럼 시청자도 웃습니다. 심사자가 심각해지면 시청자도 함께 심각해집니다. 시선의 권력으로부터 시청자도 경연 참여자와 동일한 수준의 감정노동을 하게 됩니다. 그런 중에 우리 모두 '착한 품행'에 관한 사회적 가치를 자연스럽게 학습하게 되죠.

오디션 방송은 영웅 서사를 따릅니다. 다수는 실패하고 탈락하지만, 누군가는 비판과 고난을 감수하고 멘토의 도움으로 최종 승자가 됩니다. 사건은 시간의 축으로 촘촘하게 연결되어 있습니다. 그와 같은 오디션 서사가 소비되는 문화양식을 한편으로 이해합니다. 그러나 경쟁 구도를 강조하는 서바이벌 게임을 보는 건 우리에게 상당한 감정노동을 요구합니다. 꼭 누군가 매주 탈락하고 울면서 경연장과 숙소를 떠나야만 할까요? 자꾸 한 명씩 나가면 함께 뭘 해보는 재미도 사라지는 것 아닌가요? 살아남아서 미안할 필요도 없고, 떠나서 속상하다고 울지도 않을 방법은 없을까요?

래퍼들의 오디션 〈쇼미더머니〉를 보면 2차 예선에 통과하지 못한 참가자가 불구덩이 아래로 서서히 내려가는 장면이 있습니다. 모두가 지켜보는 가운데 빨간색 표지등 'FAIL'이 켜지면서 탈락된 참가자가 불구덩이에 휩싸이는데요. 그런 경관의 배치가 우리 눈에 당연하게만 보이는 것 같아요. 그러나 그런 은유가 방송에서 태연하게 등장하는 만큼 탈락과 실패를 폄하하는 사회질서는 그만한 수준에서 더욱 견고해지는 것입니다.

올림픽 같은 방송도 마찬가지죠. 국가와 개인의 순위 경쟁에만 몰입합니다. 그런 만큼 참가자들의 매력적인 서사나 경기 안팎의 재미난 풍경을 바라볼 기회는 사라집니다. 올림픽뿐만 아닙니다. 경쟁(적 내면)에 몰입하면서 즐겁게 일하거나 한가롭게 놀 수 있는 기회를 밀쳐두는 관행은 우리의 일상이 되었습니다.

요즘은 '깜짝카메라'라는 용어를 대신 사용하기도 하지만, 예전에 몰래카메라(몰카)라고 부르던 방송은 참 저질이었습니다. 선배들이 작당해서 무서운 상황을 만들고, 후배를 매몰차게 꾸짖거나 곤란하게 합니다. 그러고는 어쩔 줄 모르는 후배의 모습을 카메라에 담아요. 몰래 촬영을 당하는 후배는 바짝 얼어 있다가 울듯 말듯 겨우 참고 있는데, 그놈의 잘난 선배가 "이거 몰카야!"라며 낄낄댑니다. 그들은 웃고 울고 달래고 그러다가 모두가 괜찮다며 손을 흔들고 방송을 마무리합니다. 참 나쁜 방송입니다.

예전에 유명한 배우의 가정에서 몰카 방송을 했는데, 두 아들이 서로 말다툼을 하는 척하다가 결국 형이 동생을 혼내면서 멱살을 잡고 머리까지 때렸어요. 부모가 어리둥절하며 말리자 두 아들은 몰카라고 하면서 깔깔 웃었습니다. 난 정말 그때 경찰에 전화해서 방송국을 고발하고 싶었습니다. 대체 저놈의 '혼내는 그리고 당연하게 혼나는' 몰카 방송에 누가 즐거워할까 궁금합니다. 저런 방송을 보며 유쾌하다면 분명 가부장적이고 위계적인 관계질서 안에서 편리하게만 살아온 사람일 겁니다.

언어를 인격적으로 사용하지 않는 곳, 언어를 통해 엄격한 위계와 규범성이 강조되는 곳. 거기엔 아버지, 사장님, 교수님, 선배님이 심드렁하게 앉아 있어요. 거긴 무섭고 긴장되는 곳이죠. 그런 공간에서 타인의 시선으로 살아가는 관계성의 기술은 우리 마음 깊숙이 내면화되었습니다. '혼내기' 몰카 방송은 전 국민에게 위계적이고 엄숙한 권력관계를 가르쳤습니다. 찌그러져서 착하게 살아야 하는 품행을 가르쳤습니다.

'몰래카메라'란 이름의 방송은 사라졌고 요즘은 뉴미디어에서 '참교육' 콘텐츠가 넘칩니다. 사회적으로 비난의 대상이 되는 사람을 혼내는 내용입니다. 공공장소에서 민폐를 끼치는 아이 엄마, 노인, 학생 등이 참교육의 대상이 됩니다. 그런데 설정된 '민폐'의 상황이 지나치게 편향적입니다. 악인은 너무 쉽게 드러나며, 응징을 위해선 폭력까지 동원됩니다. 가해자는 고초를 겪고 엄벌을 받습니다. '참교육' 콘텐츠는 공공의 분노를 자극하면서, 복수하고 처벌하는 행위성으로 정의를 가르치려고 합니다.

나는 그런 콘텐츠를 보고 싶지 않습니다. 나는 지난 수년 동안 격리와 고립을 견디어야 했고 혼내고 가르치고 지시하는 계몽에 너무 지쳤습니다. 그걸 보고 화면 밖에서 고만한 리얼리티를 흉내 내고 싶지 않습니다. 그런 문화권력이 우리의 삶에 자꾸만 침투한다면, 서로 다르지만 존중받아 마땅한 존재성은 사라집니다. 그러니 강요하지 마세요. 놀겠다는 사람이나 제대로 잘 놀게 유쾌한 자리나 마련해주세요.

 일상이 좀 말랑하고 즐거우면 좋겠습니다. 지금(present)은 우리 모두에게 기쁜 선물(present)이니까요. 싸이가 〈강남 스타일〉로 한참 인기 있을 때 시청 앞 공연이 기획되었는데, 그때 걸린 타이틀이 '글로벌 석권 기념 서울시민과 하는 공연'이었어요. 왠지 오디션이나 몰카 콘텐츠를 만들던 제작자가 그런 딱딱한 타이틀을 만든 것 같지 않나요? 뭘 석권하자는 자리에서는 싸이라도 제대로 놀 수가 없지요. 혼내는 콘텐츠 대신에 재미난 기획이 더 넘치면 좋겠습니다.[1]

아이돌 스타의 90도 폴더 인사

예전에 아이돌 그룹 내 괴롭힘과 왕따, 연예계에 만연한 조롱과 비난의 문화를 다룬 기사를 읽었습니다. 연예계에만 국한된 문제가 아니죠. 당신과 내가 속한 일상적인 공간에서도 흔히 있는 일입니다. 그래서 우리는 다양한 유형의 차별과 폭력에 민감하게 반응할 수 있게 하는 교육에 관심을 가져야만 합니다. 특히 언어감수성 교육은 학교나 기업에서 제대로 제공되지 않고 있어요. 언어차별, 언어폭력의 현장에서 우리를 지킬 수 있는 언어권리와 언어정체성 교육이 필요한 때입니다.

 폐쇄적인 조직에서 개인이나 소수를 향한 은밀한 괴롭힘은 누구나 누릴 수 있는 자유의 사적 공간마저 침범합니다. 다 큰 어른의 영혼을 비루하게 위축시킵니다. 멀찍이 거리를 두고, 깔보듯이 쳐다보며, 핀잔 소리가 들리게 하고, 글이나 말로 이상한 소문을 내죠. 간교한 수법이 동원됩니다. 거만한 권력자들이 좋아하는 다음 말을 나는 참 싫어합니다. 누구나 별 생각 없이 사용하는 말입니다.

"진짜 착해."

착해서 착하다는 걸까요? 착해야 하니까 착하라고 일찌감치 경고하는 셈 아닌가요? 착한 품행을 지시하는 TV 화면의 기호표현들이 너무 싫습니다. 고작 나이 몇 살 차이라고, 경험이 좀 더 많다고, 직위가 높다는 이유로, 아니 시청자에게 예의를 갖춰야 한다며 나이가 어린 연예인은 90도로 몇 번씩 폴더 인사를 반복합니다. 말은 늘 상냥하고 예뻐야 합니다. '깍듯 인사'를 잘하고 많이 하면 '인성 갑' 혹은 '개념돌'이라며 인정받습니다. 그런 착한 품행의 기호로 우리 모두 착해야 하는 사회질서가 구성되는 것이죠. 나에겐 그런 장면이 무슨 조폭 영화 장면처럼 보이기도 합니다.

여자 아이돌이라면 폴더 인사로 충분하지 않습니다. 배시시 웃으면서 수줍은 듯 개인기 하나라도 할 줄 알아야 하죠. 애교 넘치게 춤도 춰야 할 겁니다. 아무리 그렇게 노력을 해도 젊은 '여성' 연예인이 사회정치적 의제를 두고 공개 발언을 하면 그동안 쌓아둔 인기는 한 방에 허물어질 수 있어요. 그들은 탈정치화된, 가치중립적 자세만 취해야 하는 '착한' 아이돌이어야 해요. 정치적인 사건에 입을 닫아야 합니다. 예쁘고 앙증맞게 인간의 탈을 쓴 인형의 삶을 선택해야 하죠.

"착하다" "착해서 고생했다" "착하니 인정을 받았다"라는 구태의연한 서사도 불편합니다. 착한 인생에 관한 의미체계는 다분히 남성적이거나 가부장적인 시선입니다. 위계적이고 규범적인 지침으로 들립니다. '민생에 집중하며' 성실하고 착하게 살라고 아이돌, 연예인뿐 아니라 우리 모두를 압박하는 통치담론이기도 합니다.

내가 속한 학계도 마찬가지입니다. 착한 연구자, 착한 교수, 착한 대학원생을 서로 요구합니다. 공적으로 예의를 지키고 윤리적 역할을 잘 감당하는 것과 기득권력이 요구하는 (기존 질서 안에서 순종하는) 착한 품행은 전혀 다릅니다. 누구나 나름의 방식으로 권력지향적인 삶을 사는 것은 당연해요. 그런데 지식/권력/담론의 전쟁터인 대학에서 전혀 착하게 살지 않는 이들이 늘 착한 학생, 착한 교수의 품행을 강조하곤 합니다.

나는 예의 바른 분이 좋습니다. 나 역시 공적 업무에서 예의를 갖출 것입니다. 그런 '공적 영역의 예의'는 시민 교양과도 같은 것이며 기득권력이 요구하는 '착한 품행'과는 다른 속성입니다. 때로는 반듯하게 예의를 지키는데 기득권력의 시선으로 '착하진 않은' 사람으로 찍히곤 합니다. 반대로 공적 업무에서 예의를 지키지 않지만 기득권력의 시선으로 '착한 사람'이 될 수도 있습니다. 즉, 공적 예의는 모두에게 필요한 사회적 기술이지만 '착한 품행'은 기득권력이 임의적이고 일방적으로 판단하는 것입니다.

이런 질문을 한번 해볼까요? 서울대학교를 졸업한 뒤 하버드대학교에서 박사학위를 마치고 국내에 돌아오면 착한 품성도 도움이 될 수 있습니다. 착해서 교수가 될 수도 있습니다. 그리고 평생 착하게 사는 것도 가능할 것입니다. 그런데 '듣보잡' 대학을 졸업한 뒤 상냥하고 착하게 연구활동을 계속할 때, 과연 그런 품성이 주위로부터 인정받고 그의 역량에 어울리는 좋은 자리를 구하게끔 도울까요?

착하면 동화 속 주인공이 될 수도 있습니다. 그러나 내가 목격한 대부분의 '듣보잡' 출신의 반듯한 청년들은 계속 착하기만, 그냥 착하기만 합니다. 그리고 그냥 묻힙니다. 오히려 착한 것에 집착해서 묻힙니다. 착하겠다고 신경을 쓰면, 자신만의 구별된 차이점이나 톡톡 튀는 역량을 소신껏 발휘하기가 쉽지 않죠. 착함에 관한 이데올로기는 자발성과 고유성을 드러내는 자유를 뺏을 수밖에 없어요.

착하지 않고도 잘 살 수 있을까요? 물론입니다. 다만 착하지 않아도 괜찮을 것이라면 착함에 관한 기득권력의 의미구조에서 멀어져야 합니다. 이항의 대립관계는 의미가 생성되는 핵심 원리입니다. 이항은 대개 평등하기보다 비대칭적으로 구분됩니다. 착한 품행, 예쁜 외모, 바쁜 일정 등은 우리 사회에서 대개 필수적이면서도 긍정적인 무표항이 되고, 까칠함, 못생김, 지루함 등은 파생적이거나 비정상적인 유표항으로 위치됩니다. 그러나 주변적이고 부정적인 인상을 주는 유표항은 얼마든지 긍정적인 의미를 차지할 수 있습니다. 까칠한 성격이나 평범한 숲길 등이 결핍의 무표항만은 아니며 (광고, 영화, 유튜브 콘텐츠에서 확인할 수 있듯이) 얼마든지 매력적인 캐릭터나 평화로운 경관으로 전유될 수 있습니다.

당신의 품행 역시 새로운 관계와 맥락을 만나면 전혀 다른 속성으로 해석될 수 있습니다. 어떤 의미든 상수로만 고정될 순 없으며, 재구성될 수 있는 가변적 속성은 늘 있습니다. 그러니 기득권력의 눈에 들려고 무조건 착하지만 마세요. 당신은 일단 당신다워야만 합니다. 아프면 아프다고 조퇴를 요청해야 하고, 무시와 차별을 당하면 화를 내고 따져야만 합니다.

승무원의 친절한 말과 갑질 고객

컵라면의 물 온도를 맞추지 못했다고 고객이 승무원을 혼낼 수 있나요? 업무를 제대로 처리하지 못했다고 어떻게 직원에게 서류를 던지죠? 서류 뭉치로 머리를 툭툭 내려치는 일이 왜 일어날까요? 혹시 당신이 너무 착해서 그런 것 아닐까요? 참 이상하죠. 당신의 말은 깍듯하기만 한데 왜 당신을 함부로 대하는 것일까요? 승무원의 친절한 말을 두고 감정노동과 언어노동에 관해 한번 논평해보겠습니다. 승무원에게 갑질한 '라면 상무' 사건부터 복기해보겠습니다. 다 지난 일이지만 그런 갑질 고객은 아직도 주위에 넘치거든요.

나는 비행기를 많이 탑니다. 공항이나 기내에서 내 눈에 보이는 승무원이나 직원 모두 상냥하고 친절합니다. 표정도 말도 너무 예쁘죠. 그런데 갑질 고객은 왜 화가 났나요? 못난 인격 탓으로 돌리고 넘어갈 문제가 아닙니다. 갑질이 성행하는 곳에선 막말을 해도 되는 위계질서가 있습니다. 직원의 언어가 언제나 착하기만 하다면 (또는 그래야만 한다면) 갑질 고객은 계속 나올 수밖에 없어요.

국내 항공사에서 일하는 승무원들이 용모와 복장에 대한 과도한 규제 때문에 불편을 호소한 적이 있었습니다. 국가인권위원회는 관련 주제로 공개토론회를 열었고, 승무원이 겪는 감정노동, 상냥해야만 하는 말의 노동이 다뤄졌습니다. 그러나 그런 토론회를 소개한 인터넷 기사 아래에 달린 댓글이 가관이었죠. 승무원들은 그렇게 불평하면 안 된다는 비아냥이 넘쳤습니다.

> '예쁜 제복을 입고 단정한 얼굴로 웃음을 파는 것이 원래 서비스 직업이다.'

비슷한 시기에 세계경제포럼에서 발표된 한국의 성평등 순위(전체 135개국 중에서 108위)가 과장이 아닌 듯했습니다. 그로부터 수개월 뒤 세간의 화제가 된 '라면 상무' 사건이 터졌죠. 기내에서 승무원이 컵라면에 부을 물 온도를 적절하게 맞추지 못했다고 갑질한 대기업 임원에 관한 기사가 보도되었습니다. 그는 물 온도를 바꿔서 다시 끓여 오라고 시키고 또 시키다가 막판에는 잡지를 둘둘 말아 승무원의 머리를 가격했습니다. 화가 난 상무님, 아니 '고객님'이 내려치니 승무원은 맞았죠. 네티즌들은 그걸 보고 승무원을 옹호했고 마치 자기 일처럼 비분강개했습니다. 그러나 분노는 개인의 인격과 품성에 집중될 뿐이었어요. 언어사용의 맥도날드화를 연구한 나는 당시에 획일적으로 강제하는 용모와 복장, 과잉 친절과 순종의 태도, 표준적인 말투를 주목해야 한다고 주장했습니다. 상냥함도 상품으로 구매할 수 있는 언어사회가 갑질 고객을 등장시켰다는 것이죠.

수익에 집착하는 기업이 고용한 직원의 모든 것을 효율적으로 관리하려고 할 때, 직원이 사용하는 언어의 스타일조차 통제되곤 합니다. 복장과 용모에 관한 규제만큼이나 말의 모양도 매뉴얼로 지시되고 관리되죠. 그게 커뮤니케이션의 맥도날드화 현상입니다. 용모, 동작, 표정, 말투 등을 포함한 모든 의사소통 기호를 상품의 속성으로 이해하는 관행입니다.

프랜차이즈 요식업이나 콜센터의 직원이 아니더라도 웬만

한 규모의 직장이라면 누구나 언어사용에 관한 규범을 숙지해야 합니다. 보이는 것, 들리는 것, 느껴지는 것 모두 금전적 가치로 계산되는 지금 세상에서는 상냥한 표준언어도 매매할 수 있는 서비스입니다. 비싸게 구매한 컴퓨터나 자동차에 하자가 있다면 거칠게 불평하듯이, 고객은 친절한 언어도 비싸게 돈을 주고 산 것으로 생각하기에 무뚝뚝한 직원의 말을 참지 못합니다.

학교에서 가르치고 배우는 언어의 모양도 깨끗하게 세탁되어 있죠. 교과서와 시험에 사용하는 언어는 모두 표준화 혹은 위생화 공정을 거친 결과물입니다. 그렇게 만들어진 대화나 읽기 지문은 학교나 학원에서 또다시 분해되고 분석됩니다. 그걸 통째로 외우는 학생도 많습니다. 대학생도 졸업과 취업을 위해서 토익이나 오픽과 같은 영어시험을 획일적으로 준비하곤 합니다.

언어사용을 매뉴얼처럼 관리하는 세상에서 우리는 '고객님'으로만 군림할 수 없습니다. 어디선가, 누군가로부터, 내 말투도 매뉴얼로 교정받을 수 있죠. 우리의 언어는 상품적 가치로 언제든지 전환될 수 있습니다. 그렇게 되면 어리숙한 언어, 여분의 언어는 모두 제거됩니다. 개인과 개성을 존중하는 교육, 다양성의 언어교육, 적정교육에 관한 사회적 필요는 사라집니다.

내 실존을 지킬 수 있는 나만의 언어마저 그렇게 매뉴얼로 통제된다면 우린 정말 무서운 세상에 사는 것입니다. 어쩌면 온전한 언어를 사용할 수 있는 소수의 자유주의자들이 바벨탑에서 도망쳐 은밀한 지하세계에서 활동하고 있을지도 몰라요. 이건 메타포가 아닐 수 있습니다. 온종일 맥도날드화된 언어를 사용해야만 하는 학생과 직장인이라면, 어디선가 자유롭게 그들만의 서로 다른 언어를 사용하고 싶을 테니까요.

우린 기계가 아니거든요. 깨끗한 언어만을 상냥하고 반듯하게 사용할 수 없어요. 내 성격이나 조직의 문화가 갑자기 바뀌지 않는 것처럼 우리의 언어도 갑자기 바뀌지 않습니다. 그래서 나는 국가, 지역단체, 기업, 학교 어디서든 언어에 관해 너무 거창하고 심각한 정책을 갑자기 마련하지 않았으면 좋겠다고 늘 생각합니다. 언어를 표준으로 선언하거나, 문제가 있다고 교정하거나, 경쟁력이 있다고 정복하자는 계획은 대개 무모할 뿐입니다.

그런 발상은 주로 언어를 문제나 결핍으로 바라보는 관점에서 나옵니다. 언어를 통제하고 관리하면 문제가 해결되고 효용성이 높아지고 조직이 통합된다는 발상입니다. 언어결정주의, 혹은 단일언어주의 이데올로기로 보면 됩니다.

다국적, 다문화, 다중언어능력을 보유한 직원들이 있는 기업이라면 혼종적이고 이질적인 언어정체성에 보다 개방적인 태도를 가져야 합니다. 개인이나 조직이 보유하고 있는 언어적 레퍼토리를 문제가 아니라 다양성의 자원으로 바라보는 기업문화가 필요합니다.

어중간하게 숙지한 언어든, 잘 배운 언어든, 모어든 외국어든, 표준어든 방언이든, 자꾸만 분리하고 우월한 규범을 만들고 하나만 엄격하게 사용하라고 채근하지 말고, 관대하게 최소한의 지침만 제공하면 어떨까요? 언어보다 더 중요한 건 따로 있지 않을까요? 특정한 모양의 언어로만 관리한다면 그곳에 인재가 몰리고 창의적인 지식이 형성될 수 있을까요? 이직율이 낮아지고 개인들의 자아존중감이 확보될 수 있을까요?

말이 예쁘면 참 좋죠. 그렇다고 너도나도 다 예쁘게 말하자고 애쓰지 말아야 합니다. 모두가 그렇게 말할 필요도 없고, 획일적으로 조장한 말 문화는 우리 모두 미래에 겪을 사회적 비용으로 돌아옵니다. 예쁘게 관리된 말의 형태가 단기적으로는 수익도 만들겠죠. 그러나 다양한 언어들을 안전한 느낌으로 사용할 수 있는 곳이 중장기적으로 보면 훨씬 더 매력적이고 일할 만한 공간입니다.

항공사 직원도 그만 친절하면 좋겠습니다. 그들의 말은 우리가 함께 살아가는 언어문화입니다. 그들이 말로부터 수모를 계속 받는다면 그건 우리가 감수해야 할 사회적 비용입니다. '라면 상무'가 다시 등장할 수 있는 사회라면 당신과 내가 다음 피해자가 될 수도 있습니다.[2]

진흙탕이 되는 직장

세상에서 가장 안전한 곳은 차이와 다양성이 존중되는 곳입니다. 그와 반대로 피부색, 성별, 고향, 모어와 같이 내가 의지적으로 선택한 것도 아닌 것 때문에 차별받고 배제되는 일이 성행한다면, 거긴 참 무섭고 불편한 곳입니다.

다른 문화와 사람에 관한 관용성이 높은 사회라면, 다양한 언어들이 함께 보이고 들리면서 기능합니다. '생태적 언어환경'은 표준어와 방언, 모어와 외국어, 공식어와 소수언어, 남성과 여성의 언어 등이 공존하는 곳입니다. 생태학은 서로 다른 개체들의 유기체적 균형과 공존에 관심을 가지며 여러 삶의 현장에서 다양성과 전체성의 원리를 적용합니다. 생태언어학은 언어 간의 상호의존 관계를 연구하며 언어 다양성을 보존하려는 학문입니다.

유감스럽게도 국내 언어사회는 생태적 언어환경과 거리가 멉니다. 대학만 보더라도 졸업생 전원에게 토익시험을 보라고 강권하며 영어인증제를 운영합니다. 거기선 권력의 언어, 시험에 나오는 언어, 통치를 위한 언어만 중요해집니다. 차이와 다양성을 존중하는 관용성 지수가 높지 않은 사회라면, 생태적 언어환경은 쉽게 생성될 수 없습니다.

우리가 일하는 직장은 어떤가요? 거기엔 차이와 다양성의 가치가 긍정적으로 수용되고 있나요? 대학을 예시로 들자면 생태적으로 안전한 곳은 다음과 같아야 합니다. 우선 어떤 교수는 연구활동에 전념합니다. 또 어떤 교수는 잘 가르치려고 교재도 쓰고 강의 준비에 공을 꽤 들입니다. 누군가는 학교 행정을 맡습니다. 또 누군가는 흔쾌히 학생들과 시간을 보내며 그들을 돕습니다. 누구는 온정이 넘치고 동료와 학생을 배려합니다. 누구는 엄정한 편이며 함께 지켜야 하는 윤리지침을 동료들에게 환기시킵니다. 어떤 이는 원인을 숙고하고, 또 다른 이는 문제를 해결하기 위해서 절차와 집행에 집중합니다. 회의 중에 차이와 다양성의 가치는 빈번하게 숙고됩니다. 민주적 절차를 지키면서 텍스트를 교환하고 타협적으로 문제에 접근합니다. 논쟁이 있더라도 서로 예의를 갖춥니다.

그런 직장은 좋은 곳입니다. 당신이 거기서 일할 생각을 한다면 기쁘게 추천할 직장입니다. 거긴 교수도 그렇지만 학생도 참 행복한 곳입니다. 어떤 학생은 교수님과 얘기를 나누고 싶고, 또 다른 학생은 교수님과 연구를 해보고 싶습니다. 추천을 받고 서둘러 취업을 해야 할 학생도 있습니다. 서로 다른 학생들의 경험과 필요는 획일적으로 하나의 가치로만 단정되지 않습니다. 현미경으로 확대해서 관찰해도, 망원경으로 멀리 보려고 해도, 혹은 아무것도 보지 못해도 괜찮습니다. 다양한 가치를 존중하는 곳엔 다양한 언어를 사용하는 학생들이 조롱받지 않고 지낼 수 있습니다.

교수로 일한 내 경력을 놓고만 봐도, 나는 어떤 연구에 전념하다가도 종종 다른 활동으로 이동해야만 했습니다. 학교 보직을 맡을 때도 있었지만, 가까이서 학생들을 도와야 할 때도 있었습니다. 학교 일엔 전념하지 못하고 책을 쓸 때도 있었습니다. 내면의 변화도 있었지만 외부 상황 때문이라도 삶의 무게 중심은 달라집니다. 사랑하는 사람이 아프기만 해도 일상이 달라지니까요. 함께 일하는 동료끼리 서로 배려하는 건 참 중요했습니다.

그러나 아쉽게도 그런 직장은 잘 없습니다. 대개 어떤 센 사람(들)이 대단치도 않은 명분이나 친밀한 관계로 파벌을 만듭니다. 자신(들)이 가장 중요하다고 생각하는 신념과 가치를 우월하게 위치시킵니다. 그게 거기 직장생활의 상식으로 통용됩니다. 주류와 비주류, 우월과 열등, 안과 밖이 선명하게 구분됩니다.

어디서나 기득권력이 있을 수 있죠. 어디서나 힘이 더 센 사람이 있고 권력을 지향하는 태도가 선용될 수 있습니다. 그러나 힘이 센 집단이 문제와 해결을 간단하게 호도하고, 정보와 기회를 독점하고, 대립의 관계성을 지나치게 조장한다면 거긴 위험한 권력이 서식하는 곳입니다. 다수가 착해야만 하는 품행이 강조되는 곳입니다. 차이와 다양성의 언어가 소멸되는 곳입니다.

권력을 오용하는 자들은 자꾸만 말을 바꿉니다. 경쟁력이나 실적만 얘기하다가 학생들 입장이 제일 중요하다고 합니다.

개별 의견이 존중되어야 한다더니 갑자기 전통과 관례를 강조합니다. 어떨 땐 투표를 하자고 하고, 다른 땐 구술로 합의하는 아름다운 전통을 따르자고 합니다. 어떨 땐 관행을 따르자며 대충 처리하더니, 갑자기 전체 구성원이 모여서 엄중하게 결의하자고 합니다.

그런 곳에서 절차적 민주주의를 기대하기 힘들죠. 기득권력의 필요와 욕망이 수시로 드러나는 곳입니다. 그저 공부하고 가르치는 일이 좋은 선량한 구성원을 늘 불편하게 만들죠. 특정 가치와 품행이 갑자기 요구되지만 그게 정말 중요해서는 아닙니다. 정치적 필요가 생겼거나 통솔의 목적으로 급조된 것이죠. 시간이 지나면 언급도 하지 않을 겁니다. 어느 연못이든 휘저으면 진흙탕이 됩니다. 권력이 오용되는 진흙탕에서 개인이 평정심을 유지하긴 쉽지 않습니다.

조금만 마음에 들지 않으면 위계와 파벌이 확인되고 '우리'와 '그들'이 분리되곤 합니다. 거기서 우리는 성별이든 출신 지역이든 학벌이든, 누군가로부터 얼마든지 조롱당할 수 있어요. 특정한 누군가의 말이 늘 옳은 곳은 대개 비민주적이고, 반지성적이며, 권위주의적이고, 기득권력의 단일한 가치만을 덕목으로 삼습니다.

분투하는 삶, 참 멋지죠. 그런데 어떤 직장에서 그렇게 살길 원하세요? 나는 당신이 다양성의 가치가 존중되는 곳에서, 혹은 절차적이고 대화적인, 민주주의가 존중되는 곳에서 일했으면 좋겠어요. 잘난 사람이 못난 사람들을 이끌어야 한다고 생각하는 곳에 가지 마세요. 거기에 있는 잘난 사람들은 직장을 진흙탕으로 만들고, 다수 구성원을 자꾸만 긴장시킵니다.

국내 정당정치를 한번 보세요. 이명박, 박근혜, 윤석열 후보에게 투표했다고 '꼴통'이 되고, 노무현과 문재인 후보를 지지한다고 '좌빨'이 되어야 하는 세상은 생태적으로 보면 위험하고 위협적인 곳일 뿐입니다. 이런 세상에서 상대편의 가치와 이념은 무조건 폄하되어야만 합니다. 오로지 조롱하고 제거되어야 할 대상일 뿐입니다. 거기엔 차별과 배제, 위협과 폭력마저 정당화됩니다. 대화, 설득, 타협의 상호존중은 왜곡되고 결국 소멸됩니다.

나는 버락 오바마가 미국 대통령이 될 때 동원된 말의 잔칫상이 참 좋았습니다. 그는 대통령이 되고서도 의회 안에서 절차적 민주주의를 존중하며 이견을 가진 자들과 대화하고 설득하고 타협했습니다. 그는 기대만큼 성취하지 못한 답답한 대통령으로 보이기도 했습니다. 그렇지만 보수와 진보의 가치를 조정하기 위해 내놓은 수많은 말과 글, 언어와 기호, 서사와 논증은 미국식 민주주의의 멋진 유업이기도 했습니다.

잘 생각해보세요. 오바마가 대통령으로 재임할 때는 시끌벅적했지만 다양성의 가치들이 상정되고 논의되었습니다. 그러나 후임인 도널드 트럼프 정부는 전혀 달랐죠. 트럼프는 대통령 후보일 때부터 유색인 혐오, 이주(민) 차별, 백인이나 미국(인) 우월주의 텍스트를 트위터에 올렸습니다. 놀랍지도 않지만, 그가 대통령으로 재임하던 내내 증오범죄는 이전 정부보다 큰 폭으로 증가했습니다. 당시 미국은 (유색인이며 외국인인) 나부터 방문하고 싶지 않은 나라였습니다. 남과 다른 나만의 고유성을 붙들기 불편한 곳, 다양성과 자유의 가치가 제한되는 곳, 거기에서 일하고 살아가길 누가 바랄까요?

"

"

(2)

차별받는 그대에게

'우리 사람'만 찾는 학교 문화

"우리 쪽 사람이야?"

또 시작이죠. 꼰대가 자기 사람을 뽑는 전형적인 코멘트입니다. '우리 쪽 사람'은 꼰대가 속한 편에 있던, 지금도 속한, 앞으로도 속해 있을 사람이란 뜻입니다. 예를 들면, 어느 자리에서 일할 인재를 등용할 때 '우리 쪽 사람' 좋아하는 꼰대는 A 대학에서, A 학과에서, A 분야에서, A와 동일화될 수 있는 누군가와 지낸 내력이 있는 A항 인재만 환영합니다. A만 긍정항이고 나머지는 부정항입니다. 그래서 A항이 아닌 누군가 '우리 쪽'으로 건너오거나 뭘 해본다고 하면 일단 경계하거나 배제합니다.

'우리'와 '그들'의 대립적 의미구조는 잘 바뀌지도 않습니다. 10년이 지나고, 20년이 흘러 중년이 되어도, 여전히 학연, 지연, 혈연, 직업, 외모, 거주지 등이 참조되면서 '그들'은 늘 '그들'이고 '우리'는 '우리'일 뿐이죠. 본질적이고 고정적인 의미로 사용되는 '우리'와 '그들'은 사실 둘로 분류되었을 뿐 정체성은 모호합니다. '우리'는 '그들'과의 위계적 관계로부터 그저 '우리'라는 의미를 유지시킬 뿐입니다. '그들이 아닌 우리'가 '그들'에 비해 우월하게 위치되는 사회질서만 지켜지면 되지요. 관계적 의미로 만들어진 '우리'는 그런 점에서 주변성과 횡단성을 경계하며 독단적인 권력을 지향할 수밖에 없습니다.

내가 연구문헌으로 자주 참조했던 니컬러스 로즈 박사 얘기를 해보고 싶습니다. 그는 세계적인 학자입니다. 초파리 유전학 연구가 활발하게 진행되고 있던 대학에 입학한 후에 생물학을 공부했지만 흥미를 느끼지 못해서 동물행동학으로 전공을 바꾸었는데, 그것도 신통치 않았어요. 심리학을 복수전공하다가 아예 심리학으로 석사학위를 받았습니다. '비정상' 범주에 있던 아동을 위한 교육, 아동학대 분야에 관심이 생긴 것이죠.

그러다가 마르크스주의자가 됩니다. 박사과정 때 루이 알튀세르의 이데올로기론에 관심을 갖지만 논증의 한계를 경험하면서 미셸 푸코의 통치성 이론을 새롭게 탐구합니다. 다행히 통치성 연구는 괜찮았어요. 충분한 연구문헌을 만들면서 구체적인 경험연구로 이동했고 정신의학, 생명과학 현장에서 학제적 연구를 계속 시도했습니다.

연구자로서 참으로 거침없고도 멋진 삶의 궤적입니다. 학술적 성과만 보고 부럽다는 것이 아닙니다. 경계를 계속 넘어보는 학제적 시도, 지적 호기심, 새로운 글쓰기…. '우리' 사람 따지며 골목마다 문지기가 막아서는 국내 학계를 생각하면 정말 가슴 설레는 학술 여정이죠.

국내 대학과 연구기관은 아직도 연구자나 교수를 채용할 때 '학부-석사-박사 동일 전공 우대'를 명시적으로 표기해요. 로즈 박사와 같은 사람을 들어오지 못하게 아예 경계선을 그어두는 셈이죠. '경계를 과감히 넘는 학제적 연구자가 필요하다'고 말만 할 뿐 사실은 그렇지 않습니다. 학제적 연구자보다는 '우리 쪽 사람'을 먼저 찾죠.

대학원 입학이나 입사에서도, 선발 공고에 명시하지는 않지만 학부와 대학원 전공이 동일한 지원자를 선호합니다. 내가 가르친 학생들도 비슷한 경험을 했습니다. 학부 전공과 다른 대학원 진학생이었으니 재학 기간 내내, 아니 졸업 이후조차도 불이익을 받고 있는 것 같아요. 그게 참 마음 아픕니다. 나로서는 어쩔 수도 없는 나쁜 관행입니다.

그런데 제도권에서 활동하는 나와 같은 연구자도 크게 다르지 않아요. 바깥을 넘보거나 횡단의 시선으로 연구를 기획하긴 여전히 어려워요. 학계는 아직도 단일성, 영토성, 고정성,

본질성의 가치로 학술 단위나 연구 활동을 구분하거든요. '우리 사람'이 아니라면 더 그렇습니다. 박사가 되고 교수가 되고 뭘 얼마나 어떻게 하더라도 '우리'와 '그들'은 주홍글씨처럼 지워지지 않아요.

'우리 쪽' 학교, 학부, 전공, 사람에 집착하는 관행은 학술 활동이나 연구자로서의 성장에 관한 이해가 부족해서 그렇습니다. 연구자와 학술 활동에 관한 명백한 차별이기도 합니다. 이와 같은 관행에 대해 당신도 나도 호랑이 눈으로 감시하고 서로 협력해서 대처해야 합니다.

대학에 진학하면서 전공을 선택하는 건 대개 만 18세 전후입니다. 순수하면서도 서투른 십대일 때 결정된 대학과 학부 전공으로 평생 동안 경험하는 차별과 배제를 정당화하는 교육연구기관이 주위에 있나요? 그곳의 부적절한 관행을 고발해주세요. 거긴 새로운 가르침과 또 다른 기회를 제공하는 건 차치하고, 구조화된 차별을 조장하는 위험한 현장입니다.

청장년 기간 중에 새롭게 학습하고 획득한 성과에 비중을 두지 않는 곳, 정치적 이해관계로부터 우리 편인지 아닌지에만 관심을 두는 곳, 명문대학이나 모교 학부 출신에게만 특혜를 주는 곳. 그곳은 평생 움켜쥘 것이라 착각하는 한 줌의 기득권력으로 꼰대들이 성별, 나이, 외모, 고향, 거주지, 출신대학, 세부 전공 등을 패키지로 묶어서 차별하는 곳입니다.

골목대장만 하던 꼰대 권력자들은 이질적이고 학제적인

연구자들이 유입되면서 자신이 속한 교육현장에 새로운 지형이 만들어질 수 있다고 상상조차 못합니다. 학자로서, 연구자로서 자존감이 낮은 그들만의 집합체에 새로운 앎의 궤적을 제시할 당신과 같은 (예비)학자한테 관심도 없어요. 당신의 지식이 앞으로 귀한 자원이 될 거라고 기대도 못하죠.

그런 곳은 대개 '우리 쪽'에만 있는 순수함이 강조되는 곳입니다. 획일적이고 고정된 이데올로기가 만연한 곳입니다. 횡단적으로 재구성된 지식을 듣지 않고 허락하지도 않아요. '우리 사람'이 제일 중요합니다. 중요한 건 '우리 쪽'에서만 해야 합니다. 그래야 기득권력이 유지되니까요.

동질성의 기준이 중요하기 때문에 교수들도 서로 비슷해야 하고, 학생들도 비슷해야 합니다. 이건 지배적인 사회 풍조이기 때문에 학교 밖 사람들도 마찬가지로 생각합니다. 예를 들면 국회의원들도 서로 비슷해야 한다고 생각해요. 20대 여성 국회의원이 분홍색 원피스를 국회에 입고 와서는 안 된다고 생각하죠. 아니, 아무것도 모르는 20대나 여성은 국회의원이 되어서는 안 된다고 생각합니다.

우리 모두 대학 졸업 후에 지적 호기심이나 사회적 필요를 확인하고 이전과 다른 공부를 할 수 있습니다. 학부 편입이든 대학원 공부든, 각자 서 있는 위치에서 다시 시작할 수 있어야 합니다. 그런데도 새로운 출발과 뒤늦은 분투가 억울하게 차별받는다면, 거기는 개방성과 역동성의 가치가 무시되는 곳입니다. 서로 다른 출발점을 인정하지 않는 반자유적인 공간입니다.

나는 영화 〈매트릭스〉에서 인류를 구원해줄 자를 찾는 모피우스가 어쩌면 '그 사람(the One)'일지도 모르는 네오를 처음 만났을 때 나눈 인사가 참 좋습니다. 네오가 말합니다. "It is an honor to meet you.(당신을 만나서 영광입니다.)" 그러자 모피우스가 고개를 숙이며 이렇게 화답하죠. "No, the honor is mine.(아닙니다, 그 영광은 제 것입니다.)" 나는 대학에서 가르치면서 모피우스와 같은 마음으로 설렐 때가 있습니다. 기백과 지성이 넘치는 학생을 만나는 건 교수에게 허락된 큰 기쁨입니다. 누가 'the One'일지 모르기에 특혜를 받아야 하는 진골 제자만을 위해 다수 학생을 병풍처럼 둘러칠 수 없습니다.

학교에서도 차별이 구조화되고 있다면 도대체 젊은 학생들에게 어떻게 열심히 해보자고 권면할 수 있을까요? 당신은 과연 차별을 이겨낼 수 있을까요? 열심히 하면 뭐하나요? 더 깊은 차별의 기억만 쌓일 수도 있는데 말입니다. 최선을 다한 당신은 '우리 쪽 사람'이 아니라는 무력감으로 고통을 받고 있습니다. 자신의 의지와는 달리 출발선 한참 뒤에서 게임을 시작해야만 했던 당신의 분투가 안타깝고 그래서 당신을 더욱 열심히 응원합니다.

우리 함께 영리하게 대처합시다. 일단 글로라도 의견을

자꾸 냅시다. 서류만으로, 면접만으로, 지금 눈에 보이는 것으로 의사결정을 하는 문화를 만들자고 자꾸 요구합시다. 심사자료를 공정하게 제출하도록 하고 심사자는 엄격하게 검토하라고 요구합시다. 포기하면 안 됩니다. 인터넷 공간에서 단체를 만들고 변호사를 찾고 그렇게 함께 더 싸워야 합니다.

여자 월드컵 축구팀의 동료애

"대한민국에서 여자 축구선수로 산다는 것이 너무 외로웠어요."

예전에 전가을 선수가 출정식에서 그렇게 말하며 울먹인 모습을 보았어요. 나도 감정이입이 되면서 짠했습니다. 축구선수는 아니지만 그게 뭔지 왠지 알겠습니다. 혼자서는 이겨내지 못했겠죠. 옆에서 함께 버틴 동료가 있었겠죠. 도망가지 말자고 서로 손 내밀고 꼭 잡아주기도 했겠죠.

실패할 것이라고 조롱받더라도 포기하지 말자고 서로 말해주었을 것입니다. 아마 전가을 선수와 그녀의 동료들은 그렇게 손잡고 한동안 시간을 보냈을 것입니다. 내 삶을 돌아봐도 함께 의미를 부여하고 위로와 결의 가득한 말을 건네주던 선배, 동료, 학생이 얼마나 귀하고 소중했는지요.

2015년 여름 여자월드컵 축구대회에서 한국이 스페인을 이기고 16강에 진출했습니다. 사실 2022년 남자월드컵 축구대회에서 한국이 16강에 올라간 것보다 더 감동이었죠. 한국 선수들이 동점 골을 넣고 다시 역전 골을 넣고 서로를 진심으로 축하해주고 승리의 기쁨을 만끽하던 모습이 정말 보기 좋았습니다. 저만한 동료애를 축적하는 동안 얼마나 복잡한 감정들이 교차했을까요. 나는 몇 번이고 영상을 돌려보았습니다.

그렇지만 어느 직장에서나 그만한 동료애를 축적하긴 쉽지 않아요. 타협보다 경쟁을 강조하는 사회라서 그런지 우리는 차이와 다양성의 가치를 잘 인정하지 않아요. 서로의 고유성이 온전하게 배려받지 못하고 조롱당하기 쉽습니다. 탐나는 재화가 제한되어 있다고 믿으니 사익이 늘 먼저이고 공익은 왜곡됩니다. 그런 걸 경험하고 서글픈 마음이 쌓여 있을 때 가수 이승철의 〈그런 사람 또 없습니다〉라는 노래를 들어보세요. 먹먹한 마음에 눈물이 납니다.

어느 설문조사를 보니까 한국인은 직장 내 괴롭힘에서 상사나 선배가 아닌 동료를 구체적인 가해자로 빈번하게 지목하고 있더군요. 동료애는커녕 동료가 당신을 차별하고 배제합니다. 지금 당신은 어떠세요? 동료끼리 괜찮으세요? 질투하고 미워하진 않으세요?

예전엔 가부장적 전통문화를 학습한 중장년의 남성 상사가 개별성과 다양성을 억압하는 주체였습니다. 지금은 어디서나 누구든 위계적 질서, 권위주의, 차이와 다양성을 제한하는 처세주의 발상이 넘칩니다. 큰 권력에는 꼼짝 못하고 순종적이지만, 만만한 누군가의 자유는 얼마든지 침탈할 수 있다고 생각하는 젊은 꼰대도 많습니다.

그런 동료에게는 섣불리 감정을 표현할 수 없습니다. 자칫하면 약점이 잡히니까요. 일상을 공유하면 소문이 날 수도 있죠. 그런 곳에서는 피상적인 정보만 교환됩니다. 지레 겁먹고 서로 연결되지도 않으니 기득권력의 질서는 아무런 저항 없이 유지됩니다.

그저 의연한 척 그들로부터 왕따로 지낼 거라고 다짐하는 분들도 있어요. 그럼 꼰대만의 질서가 더욱 견고해지죠. 내 자유의 공간은 계속 사라집니다. 그래서 피할 수만은 없어요. 싸울 땐 싸워야 합니다. 내 삶의 존재성을 지키는 싸움입니다. 나만의 사적 공간이 침범되지 말아야 합니다.

매번 싸울 순 없죠. 그러나 싸울 땐 싸워야 하기에 언제 싸울지 신중하게 준비를 해야 합니다. 나도 치열하게 싸우곤 했습니다. 지배적이면서도 부적절한 관행에 포획될 때 삶이 무력하고도 비루하게 느껴졌지만 내 삶의 존엄성을 어떻게든 지켜야만 했습니다. 그동안 배우고 익힌 모든 자원을 동원해서 저항했습니다. 나는 외로웠지만 물러서지 않았습니다.

글을 본격적으로 쓰기 시작했습니다. 문지기로부터 거절되면 그걸 실을 수 있는 다른 공간이나 경로를 찾았습니다. 난 응용이든 융복합이든 잡학이든, 영어든 한국어든, 논문이든 책이든, 칼럼이든 보고서든, 학교에서든 기업이든, 미시든 거시든, 무언가로 새롭게 조합하고 창조하며 돌파했어요. 내 편은 많지 않았지만 그렇게 나만의 학자적 정체성을 유연하게 조정하면서 버티었어요.

동료애는 개별성에 대한 존중에서 옵니다. 필드를 함께 달리는 여자월드컵 축구팀 선수들은 말할 것도 없고, 아카데미아에서 일하는 저뿐만 아니라 각 분야에서 일하는 우리 모두가 그래야 합니다. 각자 분투하고 있는 개별적 삶이 존중되면서 동료애가 지켜지는 것이죠. 그렇지만 안타깝게도 그런 삶의 존엄성이 무례한 사람들로부터 조롱받거나 짓밟힐 때가 있습니다. 그럴 땐 우린 즉각 몸을 피하거나 맞설 준비를 해야 합니다. 둘 다 힘든 결정이지만 가만히 있다가는 비천한 삶으로 추락할 수 있거든요. 꼰대를 피할 수 있다면 멀리 두세요. 피할 수 없다면 그들과 영리하게 겨룰 준비를 해야 합니다. 한번 밀리면 계속 밀리거든요.

청탁하는 꼰대와 거리 두기

나는 의사소통에 관해 연구할 때 고정적이고 단일한 규범보다 언어사용의 혼종성이나 유동성에 더 관심을 두고 있습니다.

이동과 이주의 시대이고, 다양한 매체 위에서 소통하는 우리는 매끈한 한국어나 미국식 표준영어의 형태에만 의존하지 않습니다. 표정, 동작, 말투, 옷차림, 공간성 등 다양한 기호적 레퍼토리가 동원되면서 의미가 협상됩니다. 이걸 전문 용어로 '횡단적 언어실천(translingual practice)'이라고 합니다.

그렇게 언어를 횡단하는 실천의 정체성은 삶의 다른 지경에서도 드러날 수 있습니다. 횡단주의는 (단일한 우리만의 규범을 타자에게 강제하는) '우리는 같다'라는 보편주의에서 벗어납니다. 그리고 '우리는 (혹은 그들은 모두) 다르다'는 특수성이 지나치게 부각되는 상대주의와도 거리를 둡니다. 우리든 그들이든, 보편성이든 특수성이든, 한편만 당위적으로 옳다고 전제하지 않고 어느 편에게나 관대하면서도 유연한 입장을 갖습니다. 차이와 다양성이 절대적인 가치가 되는 것이 아니라 그것이 발견되고 존중될 때마다 기존의 질서가 재구성됩니다. 그래서 존중하고, 지켜보고, 대화하고, 의미를 협상하는 것이 횡단의 언어기술입니다.

가르치고 연구하는 인력을 뽑는 심사에 참여해달라는 전화를 받았습니다. 청탁자는 '우리 쪽 사람'을 찾는 꼰대였어요. 선호하는 후보에 대해 조곤조곤 얘기하는데, 나이 제한, 성별 차별, 출신 학교 차별, 전공 차별…. 어쩌면 그렇게 패키지로 묶어서 차별의 종합세트를 요청할 수가 있을까요?

이럴 땐 두 가지 버튼 중 하나를 눌러야죠. 1번 버튼: 꼰대

말을 듣는다. 함께 일을 할 수도 있고 그래야 나도 슬쩍 부탁할 수 있다. 좋은 게 좋은 거니까. 2번 버튼: '엿 먹어라.' 서류에 적힌 대로 지침을 참조하며 가장 적합한 후보자를 소신껏 추천한다.

이때 1번 버튼을 누르는 분들은 대개 '우리는 하나다'란 마음가짐을 갖습니다. 현실을 감안하고, 서로 배려하고, 그래야 더 큰일을 한다고 합니다. 그런데 그건 도대체 무슨 궤변이죠? 자유와 자율을 훔치는 꼰대들은 늘 이상한 얘기를 합니다. 나는 그런 꼰대의 인생을 살지 않기 위해서라도 내 삶과 앎의 자유를 실천할 힘을 길러야 한다고 생각합니다.

청탁을 하는 꼰대는 대개 상냥하거나 인간관계가 풍성하며, 자본과 자원을 많이 보유한 사람들이죠. 그들은 다양한 직함으로 자신을 소개하길 좋아합니다. 그들은 복도나 술집에서 유쾌하고 상냥합니다. 그러나 막상 업무에 관한 논의가 시작되면 내 얼굴은 자꾸만 화끈댑니다.

얕은 지식이 창피하지도 않은 건가요? 논술도 논증도 빈약하지만 성실하게 읽고 논평하려는 자세도 없어요. 그렇다고 다른 의견이나 이야기를 경청하는 것도 아닙니다. 관직, 보직, 별별 감투만 집착합니다. 권력지향성을 폄하하는 것이 아닙니다. 세상의 권력을 소유하는 일에만 골몰하는 점에 대해 비판하는 것입니다. 그들은 높은 신분을 갖고 싶어하지만 막상 자신이 가르치고 연구하는 일에 온전한 의미를 부여하지 못합니다. 학자, 파수꾼으로서 자신이 속한 분야에서 감당해야 하는 연구와 교육에 집중하지 못하고 권력만을 지향합니다. 그들 중 다수는 가부장적이거나 근본주의자이며 반지성주의를 만연하게 하는 사회질서에 일조합니다.

그들을 알아보는 방법은 간단합니다. 서로 도울 수 있는 같은 편 사람을 아주 좋아하며, 권력을 갖지 않았거나 이용할 가치가 없다고 여기는 자에겐 매몰차고 냉랭합니다. 그들은 교수로서 학생을 가르치고 연구활동에 전념하는 것에 자부심도 없어요. 교수라는 직업은 거래의 대상이거나 지위 상향을 위한 발판으로 작동합니다. 그들은 홀로 아무도 없는 연구실에서 긴 시간을 보내지 못합니다. 마음은 늘 급하고 엉덩이는 가벼워서 힘 있는 사람들을 만나기에도 시간이 모자랍니다.

그들은 사회정치적 (학술)담론과 거리를 두기도 하고 자신과 다른 차이(의 정치)에 대해 너무 당파적이라고 혀를 찹니다. 그러나 막상 그들이 재산을 모으고, 자신의 이해관계에 관한 공론을 만들고, 교수 신분을 이용하는 관행을 보면 누구보다도 정치적이고 파벌적이죠. 갑자기 추락하기도 하는 그들의 권력지향적인 삶을 바라보며 나는 자주 결심합니다. '담백하고 담대하게 내가 감당할 것을 청지기의 마음으로 감당하자. 성실하게 공부하자. 넓게 알고 제대로 알면 세상에 공헌할 것도 보인다.'

누구든 입신양명에 관심을 둘 수 있고 권력지향적인 삶

역시 존중받아야 합니다. 그러나 서로 다른 삶과 앎도 횡단의 가치로 존중되어야 합니다. 나만 해도 내가 지금 하는 일 말고 더 높은 자리로 올라갈 마음이 없어요. 차분하고 소박하게 시간을 귀하게 아껴 쓰면서 마치 무술인이 수련을 반복하는 것처럼 지내고 싶습니다. 그러면서 국경도 넘고, 분과 학문도 넘고, 기득권력의 주장도 넘고 싶어요. 자신에게 과분한 그리고 불필요한 권력을 넘보지 않으면서도 그렇게 귀한 삶을 살 수 있습니다.

늘 성실하게 하던 연구활동이라도 잘하고 싶은데 사실 자신은 없습니다. 그나마 그걸 제일 잘할 것 같아서 지금도 할 뿐이죠. 그러나 그걸 잘하지 못한다고 해서 가르치고 연구하는 일을 지위지향성으로 전환하고 싶지 않습니다. 그나마 배운 지식이 권력에 구걸하는 밥통이 될 수 있기 때문이죠.

학교 안이든 밖이든 치열하면서도 어수선합니다. 나는 어문학부 교수로서 다른 언어를 선택하고 배치하면서 회복하고 변화하는 삶에 관해 차분하게 탐구하고 싶어요. 그런 중에 청탁하고 청탁받는 세상의 질서에서도 멀어지는 것, 그게 내 삶의 횡단적 지향점이기도 합니다.

나는 사막 전문가이자 평화운동가인, 횡단의 학자로 살아온 테오도르 모노의 담백한 삶이 좋습니다. 그는 자주 분쟁에 휘말리고, 지나치게 많은 요구를 거절하지 못하고, 너무 많은 프로젝트에 뛰어들고, 어느 때고 모든 사람을 도우려는 것은 우리 시대가 휘두르는 폭력에 굴복하는 일이라고 지적했습니다. 그의 수첩에서 발췌한 내용으로 만들어진 책 《수첩을 들고 사막을 산책하다》에 다음과 같은 그만의 고백이 나옵니다.

> "나는 내 삶을 아프리카에서 보냈고, 거기서 많은 것을 해보고 싶은 유혹을 느꼈습니다. 나는 사막을 따라가며 화석과 식물 등 모든 것을 다 주웠지요. 그러다 보니 처음엔 동물학자였지만 식물학자가 되고 지질학자도 되고 인류학자도 되고 고고학자도 된 것입니다."[3)]

그는 박물학자의 시선으로 사막사회가 고도로 계급화된 사회임을 밝히고 그와 동시에 사막 유목민의 자유로운 삶을 존중하며 살았습니다. 모노 교수는 학계에서 배제되고 주목받지 못한 적이 많았지만 개의치 않고 폭력, 학대, 차별, 전쟁을 고발하는 지적 시위를 멈추지 않았어요. 눈이 부시도록 아름다운 가을 날씨에 그의 책을 읽었어요. 내 삶이 그의 생애사처럼 아름답게 낙엽 지기를 상상해봤죠.

누가 뭐래도 아름다운 것을 소망하고 자유롭게 살고자 하는 용기만은 포기하지 말자고 다시 다짐했습니다. 관행에 익숙한 기득권력 문화에 저항하는 건 쉽지 않습니다. 꼰대처럼 살지 않기도 쉽지 않습니다. 그래도 나는 횡단적 삶을 실천할 용기를 오늘도 내봅니다. 당신도 그랬으면 합니다.

"한국말이 서툴러 때렸습니다"

결혼이주여성이 남편에게 마구 폭행을 당했습니다. 사회적 논의는 아동학대나 여성폭력에 관한 공분으로, 혹은 다문화가정과 이주민 정책에 관한 불만으로 확장되고 있는데 난 그때 언어가 달라 부정적 감정이 쌓였고 한국말을 못해서 때렸다는 남편의 말에 주목했습니다.

"한국말이 서툴러 그랬습니다."

생김새, 성별, 나이, 사는 곳이 달라 폭언과 폭행을 했다는 말을 우리 중에 누가 섣불리 할 수 있을까요? 그런데 언어가 다르면, 한국말을 제대로 못하면 그런 일이 생길 수도 있다는 공포를 아직도 우리는 목격하고 있습니다.

조그만 도시에 사는 여성 이주민에게만 적용된 언어차별이 아닙니다. 자신의 선택과는 무관하게 습득하기 시작한 엄마의 언어, 즉 모어가 다르다는 이유로 배제되고, 표준어를 사용하지 못한다고 놀림을 받으며, 어린 시절에 이주를 경험했기에 복수의 언어들을 횡단하며 사용할 뿐인데 재수 없다고 왕따를 당한 사람들이 얼마나 많았나요.

어른이 된 우리는 영어를 배우는 곳에서도 수치심을 느끼고 폭언을 들어야만 했죠. 영어공부는 너무나 중요했기 때문에 그걸 제대로 하지 못하면 시험성적 순서로 자리가 배치되는 모욕을 감수했고, 수십 개의 영어단어를 제대로 외우지 못할 땐 책상 위에서 무릎을 꿇고 맞아야 했습니다. 이주민 엄마든 어린 학생들이든, 한국어든 영어든, 교실 안이든 밖이든, 언어가 달라서 문제이고, 중요한 언어를 제대로 못해서 문제이니, 부정적 감정은 쌓이고 폭력도 묵인되었습니다.

그런데 언어가 정말 그토록 심각한 문제의 원인일까요? 더 중요한 건 따로 있는데 언어만을 자꾸 핑계 삼는 건 아닐까요? 정말 한국어를 잘 배웠다면 남편의 폭력은 없었을까요? 한국어를 잘하게 하면 다문화의 갈등적 사회구조는 해결될까요? 한국어시험이나 영어시험을 잘 보면 이주민이 지역사회에 원활하게 통합되고, 내국인은 글로벌 시장에서 경쟁력을 가질 수 있을까요?

목표언어를 잘 배우면 그만한 언어를 사용할 수 있는 우리는 달라진 정체성으로 다른 삶을 살 수도 있겠죠. 그러나 어떤 언어를 못해서 문제이고 그걸 해결하면 다른 문제들도 해결할 수 있다는 인과의 필연성은 단일하고 동질적인 언어사회 구조를 고착시키는 언어결정주의 논리일 뿐입니다.

피부 색깔과 성별에 구조적 권력관계가 있듯이 언어들 사이에도 위계가 있습니다. 언어차별은 언어에 차등을 부여하면서 특정 언어를 제대로 사용하지 못하거나 빨리 배우지 못하면 모욕하고, 배제하고, 신체적 위해마저 정당화할 수 있는 배타주의 이념입니다.

어릴 때 엄마로부터 습득한 언어는 쓸모없어지고, 그보다 우월하다고 사람들이 말하는 낯선 언어를 서둘러 배워야 했던 불편한 경험에 대해 생각해보세요. 공적 공간뿐 아니라 사적인 관계에서도 편견이나 박해 때문에 자신이 말하고 싶은 언어를 선택할 수 없었던 공포심을 기억해봅시다.

그래픽 소설 《히마와리 하우스》를 보면 일본의 셰어하우스에서 '언어적 타자'로 함께 살아가는 나오, 혜정, 티나, 마사키가 나옵니다. 싱가포르에서 온 티나는 일본에서 영어를 가르칠 수 있다고 생각했지만 동양인 외모 때문에 결국 식당에서 일을 합니다. 나오는 태어난 모국에 왔지만 일본어를 제대로 하지 못해서 "물을 떠서 허우적거리는 느낌"으로 산다고 합니다. 일본어가 능통하지 못한 이유로 그들은 셰어하우스에서 영어를 사용하기도 하는데, 그럴 땐 영어를 잘 모르는 마사키가 소외됩니다. 그럼에도 불구하고 그들은 그럭저럭 '불완전한 언어'를 모두 조합해서 서로 위로하고 소통하며 함께 살아갑니다.

비원어민, 언어소수자, 혹은 여러 언어를 자원으로 동원해서 소통하는 멀티링구얼(multilingual)은 종종 지배적 사회규범으로부터 언어적 타자로 소외됩니다. 자신의 모어로부터 만들어진 관계와 교육의 경험을 충분히 존중받지 못하고, 그저 영토화된 권력 언어의 소유주들에게 외국인이고, 비원어민이며, 부적합한 언어사용자로 위치되곤 합니다. 폐쇄적인 언어사회는 다양한 언어들을 조합하여 사용하는 필요나 재미, 또는 언어학습의 서로 다른 관심이나 속도를 좀처럼 존중하지 않습니다. 언어가 통하지 않아, 언어를 잘 배우지 못해, 언어시험 성적이 낮아서…. 언제나 특정 언어의 결핍 단면에만 골몰합니다.

여성의 권리가 주목받고 있는 한국 사회입니다. 지역이나 인종의 차별은 적절하지 않은 것으로 다수에게 이미 의식화되었습니다. 그럼 언어에 관한 편견 때문에 허락되고 있는 언어차별은요? 자민족 중심주의로 둘러싸여 폭력마저 정당화될 수 있는, 단일성과 순수성으로 이루어진 언어주의 체계에 돌멩이가 날아갈 수 있어요. 그러니 언어를 무슨 대단한 독립변인처럼 문제화하며 미숙한 언어사용자들을 교정해서 해결책을 구하겠다는 '언어가 문제'라는 권력담론은 힘이 빠져도 한참 더 빠져야 합니다.[4]

'순수한 의도'를 따지는 의도

나는 대구에서 태어나고 자랐습니다. 부모와 형제 모두 거기 살고 있습니다. 그런데 아버지가 몇 해 전에 갑자기 돌아가시고 팬데믹이 시작되었습니다. 2020년 상반기에 대구에 감염자 수가 급증할 때 나는 어머니를 뵈러 대구에 내려가지 못했습니다. 그땐 공포심이 대단했거든요. 코로나 바이러스에 관한 정보도 부족했고 일단 겁부터 났죠. 당시 대구 도심에 사람 구경을 하기 힘들 정도였어요. 정부에서는 의료진이 필요하다며 자원해줄 봉사자를 구했지만, 누가 섣불리 내려갈 수 있었을까요? 내가 의사였다고 해도 대구에 내려가겠다고 말하지 못했을 겁니다.

그런데 의사면허증이 있는 정치인이 대구에 내려가서 봉사한다고 기사에 나왔어요. 기사를 읽자마자 나는 이렇게 생각했습니다. '아이코, 쉽지 않은 결정인데 수고한다. 감사하다.' 그런데 기사에 달린 댓글을 보니 참 어이가 없더군요. 정치권에서 그의 의도를 의심하고 비난하는 것이었습니다. '순수한 의도가 아니다.' '쇼를 한다.' '다른 의사에게 피해준다.' 그런 비아냥이었죠. 대구는 그때 정말 심각한 상황이었거든요. 조롱하는 이들은 과연 대구 시민의 고립이나 공포심에 관해 걱정해봤을까요? 사진 찍기 좋아하는 정치인도 대구에 방문하지 못할 때였어요. 쇼라고 하더라도 와주면 감사한 때 아니었던가요?

무엇보다 '순수한 의도'가 아니라는 지적이 황당했습니다. 우리는 왜 '순수'에 그토록 집착할까요? 누가 뭘 할 때 의도가 순수하다고, 또는 순수하지 않다고 제대로 구분할 수 있나요? 우리가 어디 봉사활동을 하러 갈 때 그건 정말 순수하거나, 순수하지 않거나 둘 중 하나만의 동기가 있는 건가요?

내가 연구하는 분야는 흔히 '응용언어학'이라고 불립니다. 상대적으로 '순수언어학'으로 불리는 분야와 대비됩니다. 이름이 참 재밌죠? '순수'한 언어연구는 대체 뭘 말하는 걸까요? 사전에서 정의를 찾아보니 '순수'는 다른 것이 전혀 섞이지 않은 순결한, 순백의, 천진난만한 속성을 갖고 있습니다.

순수의 반의어를 찾아보면 '추악' '추잡' '불순' 등의 단어가 검색됩니다. 그럼 내가 연구하는 '불순한' 언어는 뭔가요? 그건 일상적으로 사용하는 언어, 미디어에 등장하는 언어, 정치 캠페인이나 제품 광고에서 특정한 가치가 개입되는 언어입니다. 우리의 욕망이 배제될 수 없는 사회문화적인 텍스트입니다. 그런 언어로 우린 매일 살아가고 있는데 그걸 연구하는 분야는 '순수한' 언어학이 아닙니다. 소리와 문장 규칙 등을 가치중립적으로 다루면 순수언어학 또는 코어(core, 핵심)언어학으로 불리는데, 그런 분야가 우선적이면서도 본질적인 핵심 분야처럼 인식됩니다.

음악이나 미술을 포함한 다른 분야에서도 순수와 실용이 구분되곤 하며 순수한 분야는 위계적으로 더 나은 속성처럼 인식됩니다. 사랑, 우정, 결혼, 진학, 창업, 기업경영, 혹은 정당을 만들고 정치운동을 하는 걸 두고서도 우리는 '순수한' 정신, 자세, 비전 등에 관해 따집니다. 정치인의 봉사활동을 두고 '순수한' 의도를 따지듯이 말입니다.

그러나 대개 '순수' 항목에 힘이 실리는 건 기득권력을 유지시키는 담론전략일 뿐입니다. '순수'가 강조되는 언어사회는 '순수한' 언어를 지키는 기득권력이 있습니다. 거기선 '비-순수'를 차별합니다. '순수'가 있다고 전제하고 '비-순수'의 의도를 가려내고 배제합니다. 순수한 속성은 잘 보이지도 않고 구분하기도 힘든데 말이죠.

복잡한 세상의 질서는 순수-비순수의 이데올로기로 간단하게 구분됩니다. 여기저기 오가며 고민하고, 바꾸고 다시 해보고, 그렇게 역동적으로 교차하며 살아가는 복합적이고 횡단적인 삶의 방식이 폄하됩니다. 기득권력이 붙든 것이 순수한 것이고, 새롭게 뭘 해보자는 건 기득권력에 저항하는 불순한 것으로 해석됩니다.

당신도 순수, 본질, 진짜, 핵심, 필연 등의 꼬리표가 붙은 워딩에 대해 이의를 제기할 수 있어야 합니다. 같은 진영의 말은 묻지도 않고 찬동하는 집단주의, 혹은 권위주의 언어일 수 있거든요. 거기에서 순수-불순의 대립항이 서식하기 쉽습니다.

한 유명 평론가가 예전에, 보수 편에서 세종대왕이 나와도 자신은 절대로 보수 정당에 표를 던지지 않겠다고 말했어요. 이런 '묻지마' 투표는 참으로 반지성적인, 오직 자신에게만 순수한 진영 논리에 귀착된 발상입니다. 나는 보수든 진보든 세종대왕이 살아서 다시 출마하면 세종대왕이 무슨 말을 할지 궁금하거든요. 그의 말을 경청하면서 어디 투표할지 결정할 것입니다.

팬데믹도 지났고 우리는 어떻게 살아야 할까요? 일단 일어나고 있는 문제를 해결하며 살아가야죠. 그런데 특정 집단만의 논리로, 혹은 순수 정신만으로는 문제를 해결하지 못해요.

2020년 봄 대구 한복판에서, 환자 바로 옆을 지킨 의료인과 지금은 질병관리청이 된 질병관리본부 스태프, 봉사자, 그리고 공무원 등이 함께 문제를 해결하면서 감염병의 위기가 지났습니다. 비순수의 인생을 살았든, 월급 주니까 거기서 일했든, 갈까 말까 망설이다가 갔든, 어쨌거나 거기서 돕고 일하는 그들의 실천이 문제를 해결했습니다. 그 시간에 그 자리에 나타난, 일상적인 실천을 감당한, (그 자리를 우리 대신 지킨) 그분들 덕분입니다. 그곳을 지키고 선택한 실천, 그렇게 문제를 해결한 행동에 박수를 보내야죠. 불순한 의도에 대해 따지지 말고요.

축구를 보지 않아도 되는 이유

축구를 좋아하지 않는다고 했죠? 월드컵 대회가 시작되면 당신은 이제 이상한 사람이 되겠네요. 왠지 축구 얘기를 해야 할 것 같아서 일부러 축구에 관해 공부를 하기도 했었죠. 그런데 나는 축구에 관심이 없는 당신이, 월드컵 축구를 좋아하는 사람이 되려고 너무 노력하지 않았으면 합니다.

인스타그램에서 2002년 월드컵 한국 경기의 응원 풍경을 본 적이 있어요. 다시 보니 새삼 대단하네요. 장례식장에서 조문객과 유족이 함께 경기를 보고 있습니다. 교회든 성당이든 절이든 어디서든 '대-한-민-국' 함성이 넘칩니다. 학교에서는 학생들이, 학술대회장에서는 교수들이 모두 한마음으로 응원을 합니다.

한국팀 경기는 더 그렇죠. 대통령이 어디선가 경기를 지켜보는 모습이 TV에 나옵니다. 다음 장면으로 서울역 대합실에서 시민들이 환호하며 경기를 봅니다. 시청광장에 응원객이 모여 있습니다. 늦은 밤까지 거실마다 불이 환하게 켜진 큰 아파트 단지도 보여줍니다. 서로 다른 텍스트지만 그런 모습이 사슬처럼 연결되면서 함축적인 의미가 생성됩니다. 비슷하지만 조금씩 다른 장면들이 인용되면서 앞선 상황이나 주장이 당연한 것으로 전제됩니다. 서로 다른 시공간에서 진지하게 축구경기를 응원하는 우리들의 모습이 그렇게 연결되면, '월드컵 대회의 한국 경기는 대한민국에서 아주 중요한 사건'이라는 '진실'이 만들어집니다. 그건 당연한 상식이 아니라 얽힌 텍스트들이 만든 담론의 효과일 뿐인데 말입니다.

사람들은 다음 날 경기 얘기를 합니다. 당신이 경기를 보지 않았다고 하니까 다수가 호들갑입니다. "야, 너 월드컵 축구 안 봤어?" "그것도 몰라?" "너도 대한민국 국민이냐?" 훈계까지 합니다. 경기가 있던 날 혼자서 요가를 할 수도 있고, 만화나 보면서 한가롭게 쉴 수도 있는데 월드컵/한국/축구/승리에 관한 담론 생산자들이 당신을 가만 놔두지 않죠.

월드컵 대회에 출전한 한국 축구를 "모든 국민의 심장이 하나가 되어" "결전의 자세로" 보는 태도가 미디어에 자주 등장합니다. 그걸 '월드컵 담론'이라고 불러도 될 것 같아요. '태극전사'로 호명되는 선수들이 하나같이 결의에 가득한 표정으로 애국가를 부르고 시합에 임합니다. 시합이 끝나면 미디어는 "우리 태극전사가 투혼을 발휘했다"며 감동과 감사를 전합니다. 선수들도 국민께 힘이 되었길 바란다며 눈물을 글썽입니다. 날짜만 가리면 이전 대회의 기사와 구분도 되지 않는 유사 텍스트입니다. 어떤 지배 담론이든 힘을 크게 획득하면 세상의 텍스트는 획일적으로 재생산됩니다. 커다란 담론구성체에서 같은 걸 계속 전제하고 인용하기에 텍스트는 유사할 수밖에 없습니다.

축구 담론이 늘 문제라는 건 아닙니다. 지배적인 담론이 위험한 권력이 되어, 축구를 좋아하지 않는 당신 같은 사람을 배제하거나 차별할 수 있다는 것이죠. 축구에 관한 지배적인 권력/담론은 축구 대신에 다른 텍스트를 선택한 (선택할 수밖에 없는) 서로 다른 개별성을 위축시킬 수 있어요. 텍스트끼리 연결되고 인용하고 전제하면서 진실처럼 보이는 효과가 만들어진다고 했죠. 그것이 다수 집단의 신념이 되고 당연한 상식으로 유통되면, 그것을 따르지 않는 사람을 조롱하고 차별할 수 있는 사회질서가 생깁니다.

진실의 효과는 텍스트의 전략적인 선택, 배치, 결속으로도 드러날 수 있어요. 예를 들면 판사들은 법안의 법령을 함께 인용하고, 서로 참고하고, 자주 언급하면서 소송에 관한 심판자로서의 권위를 유지하고 강화합니다. 미디어 기사, 학술문헌, 정부보고서는 어딘가에 전략적으로 배치되고 서로 인용되면서 권력이 새롭게 생성되거나 유지될 수 있습니다.

달리 말해 이런저런 텍스트, 장르, 스타일을 개방적으로 사용하지 못하게 하면, 혹은 경쟁하는 담론들의 공존을 허락하지 않고 특정 이념을 담은 특정 텍스트만 진짜라고 강제하면 거기엔 권위주의, 반지성주의, 심지어 전체주의 사회의 기운이 싹틀 수 있어요. 그리고 누구나 차별을 당할 수 있습니다. 하나만 두고 그걸 진짜라고, 혹은 단 하나의 진실이라고 (그리고 나머지는 가짜거나 적의 음모라고) 계몽하고, 훈계하고, 담합하는 사회는 무서운 곳입니다.

권력이 교체되고, 차이와 다양성이 존중되고, 표현의 자유가 지켜지려면 민주적인 절차로 유효한 수준까지 담론들이 개입하고 서로 경쟁하는 것을 허락하는 언어사회가 되어야 합니다. 질문과 논쟁이 허락되어야 하고요. 쌍방향 대화와 서사가 넘치는 곳이어야 합니다. 자기끼리 전제와 인용을 주고받을 뿐, 조금이라도 이질적인 말과 글조차 끼지 못하는 곳은 위험한 곳입니다.

사회구성원 다수가 축구를 좋아할 수 있습니다. 그러나 축구에 관한 텍스트만 넘치며 축구에 관한 맹목적인 상식이 넘칠 때, 축구를 좋아하지 않는 소수는 이상한 사람이 될 수도 있습니다. 다양성의 가치가 지켜지지 않는 곳을 경계해야 합니다. 모두가 무언가에 획일적으로 열광한다면 자유와 다양성의 가치는 지켜지기 어렵습니다. 다수가 축구에 열광할 때, 여전히 축구를 좋아하지 않는 당신의 삶 역시 존중받아야 마땅합니다.

(3)

버티고 있는 그대에게

캐서린의 마라톤 완주

누군가 자유를 겁박할 때 우리는 입을 다뭅니다. 몸을 감춥니다. 익명성과 비가시성은 불편한 상대편에 맞서며 무서운 세상에서 버틸 수 있는 영리한 의사소통 방식입니다. 그렇지만 숨고 있을 수만은 없죠. 말은 하지 못해도 몸을 드러낼 때가 있습니다. 여전히 입은 다물고 있지만 분명하게 의미를 전하기 시작합니다. 침묵시위가 그렇습니다. 어딘가 서서 자리를 지키고 응시하는 것만으로도 의미가 생성됩니다.

윤리적 주체로, 혹은 미학적 존재로 우리는 자신이 선호하는 기호를 선택하고 배치하며 세상에 말을 겁니다. 예를 들면, 삭발을 하거나 펌이나 커트 스타일을 선택하는 건 어떤 이유가 있습니다. 안경을 바꾸거나 캐주얼한 옷차림을 시도합니다. 다이어트를 하면서 체형을 바꾸려고 합니다. 춤을 배우기도 하고 매일 둘레길을 걷기도 합니다. 여전히 들리는 말은 없는데 버티는 인생, 새로운 인생은 그렇게 시작됩니다.

달리기 또한 영리하면서도 대범한 기호적 소통입니다. 아무 말도 없이 그렇게 곤고하게 달리는 이유는 무엇입니까? 살도 빼고 건강에 좋으니까? 정말 그런 이유만일까요? 어쩌면 당신은 비대칭적이고 비균형적으로 살아가고 있는 자신의 삶을 자각했을지 모릅니다. 숨지 않는 건 대담한 선택입니다.

"계집년은 꺼져라!"

캐서린 스위처도 숨지 않았습니다. 그녀는 1967년에 귀걸이를 하고 립스틱을 바른 채, 보스턴 마라톤 대회에서 여성으로는 처음으로 '선수'로 참여했어요. 물론 대단한 기록을 내진 못했습니다. 기호적 존재감을 선명하게 드러낸 완주였을 뿐입니다.

완주는 쉽지 않았습니다. 계집년은 꺼지라는 야유와 조롱을 감수해야 했죠. 대회 조직위원으로부터 번호표가 뜯길 뻔도 했어요. 충분히 예상된 상황이었고 그래서 여성들은 그곳에 선수로서 몸을 드러내지 않았던 것이죠. 캐서린은 피투성이가 된 발로 겨우 완주했습니다.

그녀가 선택한 언어의 형태는 침묵이었습니다. 조롱의 언어에 맞서 함께 욕을 하며 대응하지 않았습니다. 그러나 캐서린은 여성성을 드러내는 기호를 감추지 않았습니다. 입을 다물었지만 귀걸이를 착용했고 립스틱을 바른 채 냅다 달리기만 했습니다. 말과 글은 드러나지 않았지만 그녀가 선택한 기호만으로 그녀의 삶은 이후에 완전히 바뀐 듯합니다.

캐서린이 더 잘 달렸다면 뭔가 더 달랐을까요? 모르겠어요. 꼭 더 잘 달릴 필요도 없고 그땐 그럴 수도 없었겠죠. 그런 건 우리 마음대로 되는 것도 아닙니다. 삶의 에너지도, 내게 허락된 기회의 장도 무한정 넘치지 않으니 내 삶의 능동성과 확장성을 막연하게 낙관할 수만 없어요.

귀걸이를 하고 립스틱을 바른 채 그저 완주를 위해 분투한 캐서린을 상상해봅니다. 완주는 쉽지 않았겠지만 참 멋지지 않나요? 대개 우린 출발선에 그렇게 서지도 못합니다. 낯선 곳에서 자신다움을 드러낼 수 있는 기호로 자리만 지키고 있어도 다른 존재감을 탐험할 수 있지만, 우린 익숙한 공간의 경계 밖으로 나가지 못합니다. 타인의 시선이 부담스럽기 때문입니다. 혹은 남 인생에 훈수를 두느라 정작 우리는 선수로 뛰지도 못하죠.

어떻게 버틸 수 있는 삶을 선택할 수 있을까요? 캐서린처럼 우리도 야유를 이기고 새로운 출발을 할 수 있을까요? 시작은 했지만 완주하지 못하면 어떡하나요? 완주하더라도 성적이 형편없다면요? 그저 낭만적이고 무모한 도전이 아닐까요?

"그 학벌로는 어렵지 않겠니?" "우리 형편으로 말이 되는 얘기니?" "그런 배경으로는 안 하는 편이 낫지." 이런 지적 많이 듣지 않았나요? 나도 그랬어요. 그런 얘기는 대개 우리 바로 곁에 있는 사람들이 하죠. 가정, 이웃, 학교나 직장에서, 부모나 친척, 친한 친구나 선배, 잘 아는 교수나 직장 상사는 내가 뭘 해보겠다는 계획이나 도전을 한 방에 묵살하곤 하죠. 해보겠다는데 그들이 경청하고 응원하고 돕지 않는 이유가 뭘까요? 패배와 상실이 익숙해졌기 때문일까요? 혹시나 잘되면 배가 아플 수 있는 질투심 같은 것일까요? 그렇다면 우리는 (보스턴 마라톤에서 1967년까지 여성은 선수가 될 수 없었던 것처럼) 그냥 익숙한 대로 계속 찌그러져 있을까요?

청년 때 내 인생의 목표는 뭔가에 도전해보는 것, 그리고 도전을 '완주'해보는 것이었어요. 예를 들면, 나는 학부에서 영어영문학을 전공했지만 미국에서 경영학을 공부해보고 싶었어요. 유학을 간다고 하니까 주위에서 다 말렸죠. 나는 경영 분야에 선행지식도 없고 직장 경력도 없었으니까요. 그래도 난 귀를 막고 고집스럽게 해보고 싶은 공부를 서둘러 시작했습니다. 대학원 공부는 내 기대와 달랐고 말린 분들의 경고가 적중했습니다. 나는 공부를 중단하고 큰 가방에 모든 짐을 대충 쑤셔 넣고 한국에 돌아왔어요. 귀국한 날 아버지에게 혼날 걱정에 고향에 곧장 내려가지도 못했죠. 당시 여자친구(지금의 아내)와 함께 다녔던 대학교 앞에서 만났는데, 그냥 웃기만

하고 김치볶음밥을 곱빼기로 먹었어요. 배가 무지 고팠거든요. 쪽팔리기도 하고 눈물도 한 방울 난 것 같기도 합니다.

어쨌거나 그러다가 다음 해에 학부 전공으로 다시 미국에서 공부를 재개했는데 그때 목표는 정말 다른 것 없고 오로지 딱 하나였어요. 다시 시작하자! 이번엔 마치자! 이런저런 일이 없진 않았지만 새롭게 시작한 대학원 과정을 다행히 완주했습니다. 더 대단한 업적을 만들면서 학위를 마친 분들도 있겠죠. 나는 그게 전혀 부럽지 않습니다. 나는 그때 완주한 것으로 충분히 자족하고 감사할 뿐입니다. 그 이후로 내 인생은 바뀌었거든요.

다시 실패할 수 있다는 부담을 가졌음에도, 나는 어떻게 유학을 완주할 수 있었을까요? 이전과 신분이 달라진 것도 아니며 내 영어 능숙도 역시 별 차이가 없었습니다. 다만 나는 이전처럼 강의실 뒤편이나 구석에 앉아서 수업을 듣지 않았습니다. 수업에 일찍 갔고 맨 앞자리에만 앉았습니다. 남들이 뭐라든 매 수업마다 오른손을 들고 질문을 했습니다. 이건 강의실 앞자리에 아무도 앉지 않을 때 내가 학생들에게 늘 말해주는 일화입니다.

나는 내 몸을 앞자리에서 가시적으로 드러내면서 새로운 의미를 만든 것 같아요. 질문의 내용이나 수준을 떠나, 외국인 유학생이 앞자리에 앉아서 질문을 하는 기호적 존재감을 획득한 것이죠. 내겐 낯선 경험이고 나를 바라보는 시선이 불편하기도 했지만 지금 생각해도 그건 해볼 만한 가능성의 선택이었습니다. 맨 앞에서 몸을 드러내는 것, 손을 드는 것, 그런 가시성은 캐서린의 달리기가 그랬던 것처럼 교실에서 내가 선택한 기호권력의 디스포지티브(배치)였습니다. 세상에 드러난 몸의 기호는 반복적인 리추얼과 함께 권력의 효과를 획득하게 합니다.

앞자리에 앉아서 오른손을 드는 나만의 기호적 의례는 내 삶의 궤적을 계속 이동시킨 듯합니다. 나는 교수가 되어서도 새롭고도 모험적인 일을 많이 한 편입니다. 영문과 교수인데 창업도 해보고 콘텐츠 제작도 해봤습니다. 새로운 학문 분야를 탐험하고, 다양한 학술활동을 기획했고, 여러 매체에서 글쓰기를 실험했습니다. 그리고 많은 책과 논문을 출간했습니다. 청년 때 나를 생각해보면 내게 이런 배짱이나 호기심이 있었나 싶은데요. 아무래도 앞자리에서 오른손을 드는 기호적 실천이 반복적으로 의례화되면서 나만의 언어정체성에 변화를 준 것 같아요.

기호의 배치, 반복적인 의례는 그렇게 몸을 바꾸고, 마음을 바꾸고, 권력관계도 바꿉니다. 자꾸 하다 보면 배짱이 생깁니다. 배짱이 생기면 호락호락한 인생을 살지 않습니다. 당신에게도 오늘 꾹 버티면서 완주를 향한 현재성의 기호에 집중해보라는 말을 건네고 싶습니다. 입이 열리지 않아도 몸이 있잖아요. 몸으로 드러난 기호적 선택으로 어쩌면 자신의 정체성에, 주변과의 관계성에, 경직된 조직의 질서에 어떤 변화가 시작될 수도 있으니까요. 너무 오래 숨지 맙시다. 혹은 허다한 무리에 몸을 감추고 야유와 조롱의 언어를 흉내 내지 맙시다.

할머니처럼 버티기

자신만의 삶을 지키겠다고 작정할 때 우리는 흔히 애매한 언어, 혹은 침묵하는 언어를 선택합니다. 권력을 가진 편은 지시만 따르면 문제없다고 합니다. 누구에게나 솔직하게 말하고 분명하게 처신하라고 요구하면서 애매한 수사와 침묵의 반응을 못마땅하게 봅니다. 그러나 그걸 순순히 따르다간 기득권력의 공간에서 낭패를 당할 수 있습니다. 때로는 침묵이 기득권력을 가진 발화자에게 대응할 수 있는 보다 적절한 소통방식이 될 수 있습니다.

버스를 탔습니다. 정차 후 버스가 막 출발하는데 할머니 한 분이 자리에서 일어나서 출구로 다가갑니다. 기사가 짜증스럽게 말합니다. "할머니, 앉으세요. 버스 서면 그때 일어나 내리세요." 할머니는 근처 자리에 잠시 앉는 둥 마는 둥 하더니 금세 출구 앞에 붙어서서 기다립니다. 기사가 할머니에게 소리치며 가르칩니다.

"참나, 그냥 앉으세요. 젊은 사람들 보세요. 도착하면 일어나잖아요."

할머니는 "예"라고 들릴 듯 말 듯 응답하곤 담담한 표정으로 그 자리를 지킵니다. 할머니도 분명 알 것입니다. '승객이 벨을 누르면 버스가 정류장에 선다. 그때 일어나서 내릴 수 있다.' 그런 것쯤은 말입니다.

할머니는 젊은 사람이 아닙니다. 일찍 준비하지 않았다가 제때 내리지 못할 수 있습니다. 서둘러 내리려다가 오히려 다칠 수 있습니다. 성미 급한 기사들을 한두 번 경험한 것이 아니니 말입니다. 할머니는 지금 저기 서서 침묵하지만 최선을 다하고 있습니다. 다음에 꼭 내려야 한다면 입을 다물고 내릴 준비에 전념해야 합니다. 그깟 빈정거림을 한두 번 들은 것도 아니니 말입니다.

투덜대는 기사의 시선을 애써 무시하곤 할머니는 흔들리는 버스에서 출구 앞 손잡이를 꽉 잡고 있었습니다. 그녀의 손과 팔은 너무 주름이 많고 가냘팠지만 내가 어릴 때 보았던 로보트 태권 브이 팔뚝처럼 크고 강해 보였습니다.

난 할머니 편입니다. 결국 할머니는 기사에게 타박을 당하면서 내릴 자리를 꾹 지키고선 다음 정거장에서 의연하게 그리고 천천히 내렸습니다. 할머니는 누군가의 엄마이고 아내였을지도 모릅니다. 아마도 그녀는 생애 내내 누군가로 그렇게 버티고 지키며 여기까지 왔을지도 모르겠습니다.

할머니의 침묵은 열등하거나 순응하는 언어가 아닙니다. 할머니는 침묵의 언어를 올곧이 선택하면서 적극적으로 자신의 삶을 지켰을지도 모릅니다.

삶이 거지같을 때가 있습니다. 버스를 타고 가는데 차가 너무 막혀 답답합니다. 때로는 종점까지 일어나고 싶지 않을 때도 있습니다. 그럴 땐 대개 바깥을 쳐다보며 울고 싶을 때입니다. 꼼짝도 하지 않고 마음껏 울고 그렇게만 해결되면 좋겠는데…. 울음을 멈추고 나면 똑같은 하루가 다시 시작됩니다. 그리곤 누군가 요구합니다. 시선을 맞추라고, 큰 소리로 분명하게 말하라고. 세상은 수없는 질문을 하면서도 좀처럼 망설임이나 침묵을 허락하지 않지요.

'입술을 다문 저기 할머니는 어땠을까? 할머니는 어떻게 버티었을까?' 모르겠습니다. 할머니에게 아마도 소중하고 사랑하는 누군가 있었다고 상상해봅니다. 할머니는 많이 배우지 못한 듯했고 복잡하고 어려운 것도 개의치 않는 듯합니다. 세상의 모든 할머니를 몰개성화할 수 없겠지만 저기 서 있는 할머니는 내게 그렇게 보였습니다. 침묵으로 버티었습니다. 사랑만으로 버티었습니다. 사랑하는 사람의 옆자리가 너무 좋아서, 아니면 참 밉지만 떠날 수가 없어서…. 내 마음대로 그런 생각을 하지만 할머니는 누군가에게 당신의 이야기를 자세히 남겨주셨으면 좋겠습니다.

보고 싶어도 볼 수 없는 분들이 참 보고 싶습니다. 이런저런 생각을 하다가 자리에서 조용히 일어났습니다. 내릴 정거장은 이미 지났습니다. 생각만으로도 사랑의 온기가 전해진 탓일까요? 내려서 길 건너 버스를 타도 되겠지만 걸어가고 싶었습니다. 자리에 앉아서 기다려도 되는데 하차 벨을 누르고는 나도 입을 꾹 다물고 거기 서 있었습니다. 할머니가 꽉 잡은 출구 앞 그 손잡이를 움켜잡고서 말입니다.

감정 흡혈귀로부터 독립

꾹 참고 입을 다문 침묵과 달리 말이 차고 넘칠 때도 있습니다. 그런데 탄산 함유량이 많은 맥주를 잔에 따르면 거품이 치솟아 막상 마실 음료는 별로 없듯이, 거창한 말잔치가 우리에게 유익하지 않을 때도 많습니다. 언어감수성을 가진 분들이라면 들리는 말에 현혹되지 않습니다. 언어를 통해 이루어지는 행위를 화행(speech act)이라고 하는데, 화행의 효과는 드러난 말만으로 파악되기 힘들다는 것을 알기 때문입니다.

혹시 '감정 흡혈귀'를 만나신 적이 있으신가요? 그들의 말은 친절하고 친밀합니다. 우린 대개 낯선 곳에서 낯선 사람들 틈에서 들리는 그의 말에 현혹됩니다. 그걸 호의로만 해석할 뿐 감정 흡혈귀가 그런 말을 달고 산다는 사실을 잊습니다.

"언제든 연락주세요."

이런 말은 우리의 기대, 필요, 감정선 등을 교묘하게 건드리고 언젠가 우리 마음을 제압하고 이용합니다. 친구, 동문, 이웃, 친척, 심지어 형제나 부모까지도 감정 흡혈귀가 될 수 있습니다. 감정 흡혈귀에 포획되는 이유는 무엇보다 그의 말이 친밀하게 들리기 때문입니다.

우리 중 다수는 구조적 불평등이나 우연한 사건으로 고립되거나 고통받을 수 있습니다. 감정 흡혈귀는 그걸 주목하면서 길들여야 할 누군가를 찍어둡니다. 성격이든 외모든 학벌이든 재정이든, 누군가의 결핍을 지적하고 자신은 그 점에서 문제가 없다는 걸 부각시킵니다. 자기가 주도할 수 있는 권력 질서를 과시하면서, 은밀하게 때로는 거칠게 감정을 빨아 먹을 대상을 조종합니다. 이 모든 게 가능한 건 그들이 화행적 언어의 마술사이기 때문입니다.

감정 흡혈귀는 십중팔구 웃음이 넘치고, 외모도 수려한 편이며, 옷도 잘 입고, 친절하거나 친화력이 있고, 낯선 이들에게 먼저 말을 건넵니다. 전화로 식사를 하자고 먼저 제안하고, 돈도 잘 쓰고, 필요한 도움을 제공합니다. 그런 호의를 받으면서 우리는 그를 좋은 사람이라고 생각합니다.

감정 흡혈귀는 우리가 슬쩍 언급한 연약한 아킬레스건을 기억해둡니다. 그리곤 자신의 필요와 허영을 채워야 할 때 그걸 언급하며 무례함을 드러냅니다. 그렇다고 갑자기 그와 헤어지긴 어렵습니다. 이미 우리에게 필요한 사람이 되었거든요.

감정 흡혈귀는 포주의 언어를 사용합니다. 포주는 성매매 여성들에게 '오빠'나 '삼촌'으로 불리면서 그녀들과 재밌고도 따뜻한 말을 나누곤 하지만 언제든지 위계적이고도 폭력적인 언어를 사용할 수 있습니다. 무력감, 위계적 관계, 무례한 개입을 느끼더라도 이미 흡혈귀와의 권력관계에 종속되었다면 가혹한 권력자를 경계하지 못하고 오히려 자신을 책망합니다.

시간이 흐를수록 감정 흡혈귀의 위력은 선명하게 드러나죠. 그나마 친절했던 말도 점차 사라집니다. "웃기고 있네." 그는 한숨을 쉬고 반말도 섞습니다. "그게 말이 된다고 생각하세요?" 그렇게 막연하게 질문하고는 팔짱을 끼고 어이없다는 표정을 짓습니다. 사적인 자리뿐 아니라 공적인 자리에서도 무시받는다는 느낌이 들게끔 합니다. 그런 무례를 경험하면서 감정 흡혈귀의 피해자는 불안감, 열등감, 심지어 죄책감마저 느낍니다. 비루한 감정을 안고 살아가는 인생을 수긍하게 됩니다. 흡혈귀가 만든 언어의 감옥 안에 갇히게 되면 실존적 자아는 한없이 초라해집니다.

가부장적 사회, 군사문화, 엘리트 교육공간, 일류 기업, 대형 교회, 기타 기득권력을 각별하게 대우하는 사회에선 감정 흡혈귀가 기생하기 좋죠. 친척 모임에서, 군대에서, 교실에서, 직장에서, 동문회에서 감정 흡혈귀는 성별, 나이, 고향, 출신

학교, 직급, 성적, 소유와 성취 등으로 위계적 관계를 만듭니다. 그의 언어전략은 능숙하고도 친밀해서, 우리 중 다수는 그의 말에 휘둘리지 않을 수가 없어요. 나이가 들어도, 많이 배워도, 돈이 많아도 그의 노예가 됩니다.

혹시 지금 그런 흡혈귀가 당신 옆에 있나요? 문자로 연락이 오면 그의 눈치를 살피며 억지 감정으로 회신을 하나요? 그가 당신에게 흡혈귀와 같은 사람이란 걸 이미 알고 계시죠? 그럼에도 불구하고 당신이 관계를 정리하지 못하는 이유는 누구보다도 당신의 감정 흡혈귀가 가장 잘 알고 있습니다. 이제 곧 당신이 지켜야만 하는 사적인 공간조차 놔두지 않을 겁니다.

용기를 내야 합니다. 완전히 관계를 중단해야 합니다. 달리 말하면 그의 언어를 보지도 듣지도 말아야 합니다. 감정 흡혈귀는 많이 말하고 애매하게 글을 보냅니다. 말과 글을 섞는 순간 빨대를 꽂아 당신의 자유와 사랑을 축소하고 왜곡할 뿐입니다. 당신은 앞으로도 자기자신이 비루하게 느껴지고 고통을 느낄 겁니다. 서둘러야 해요. 당신에게 허락된 코딱지만 한 권력이든, 그나마 가끔 외로움을 덮어준 친밀한 감정언어의 떡고물이든, 모두 내다 버려야 합니다. 한동안 쓸쓸하기도 하겠지만 독립을 선택한 만큼 당신의 감정 상태는 담백해질 것입니다.

혹시 그가 당신에게 감정 흡혈귀인지 아닌지 판단조차 쉽지 않다면 에리히 프롬이 《사랑의 기술》에서 언급한 다음 구절을 기억하세요.

> "사랑의 증거는 하나뿐이다. (…) 사랑하는 두 사람 모두의 활기와 강인함, 그것만이 사랑을 깨달을 수 있게 하는 열매이다."[5]

그렇습니다. 우리는 사랑하는 사람과의 관계로부터 만족감을 가지며, 활기를 느끼며, 더욱 강인해집니다. 사랑은 자유의 자식이라고 했거든요. 즉 자유는 사랑의 조건이 됩니다. 감정 흡혈귀는 그런 자유를 허락하지 않습니다. 그러하니 사랑의 감정도 없어요. 그와의 관계를 유지하면 자유는 사라지며 사랑은 모두 왜곡될 뿐입니다. 감정 흡혈귀로부터 완전히 탈출하려면 프롬의 《사랑의 기술》을 숙독할 것을 권합니다. 나도 자유와 사랑에 관한 지혜를 거기서 구했습니다.

프롬은 우리의 욕망과 감정에 정직하게 직면하라고 제안해요. 그래야 지배-피지배의 권력관계에서 자유로울 수 있기 때문입니다. 한 줌밖에 되지 않는 기득권력에 집착하며 자유와 사랑을 잃어버리고 있다고 자각하는 분이나, 소박하면서도 담대한 삶을 선택하려 애쓰고 있는 분이라면 프롬의 《자유로부터의 도피》를 꼭 읽어보세요.

일 중독에서 벗어나기

일에 전념할 때 성과도 생기고 칭찬도 받습니다. 기분이 으쓱해지죠. 관계에 변화도 생깁니다. 나도 그랬어요. "참 잘한다." "우리에게 꼭 필요한 사람이야." 그런 말을 들으며 우리의 자아정체성은 긍정적으로 재구성됩니다. 다만 그렇게 신이 나서 일을 할 때 '일 중독'에 관해서 한번 생각해 볼 필요가 있습니다.

알코올 중독, 마약 중독, 성 중독, 이런 중독은 모두 겁나게 들리죠? 일 중독 역시 그와 다를 것이 없는 동일한 속성의 중독입니다. 무엇이든 중독이 된다는 것은 극적인 삶을 사는 것이죠. 짜릿하든 고통스럽든, 롤러코스터를 탈 때 느끼는 감정을 품습니다. 중독자는 차분해지기 어렵습니다. 중독되어 있으니까요. 느린 속도로 혹은 원하는 방향으로 살아가지 못합니다.

일 중독이 알콜 중독이나 약물 중독에 비해 개인이나 사회 차원에서 '좋은 중독'이라는 농담도 있습니다. 스티브 잡스처럼 일에 중독되더라도 큰 성취를 만들어내는 사람을 칭송합니다. 일 중독자의 분투와 열정에 지나친 찬사를 보냅니다. 일하는 모습, 일하는 속도, 일로 만든 성취 등이 경쟁사회의 구성원에게 긍정적으로 내면화됩니다. 일 중독의 삶을 과시하거나 과장하니 평범하고도 차분한 삶의 양식을 사회구성원 다수가 폄훼하게 됩니다.

무언가에 중독된 사람이 자신이나 타인을 온전히 사랑할 수 있을까요? 다른 중독이 그러하듯이 일 중독도 한번 빠지면 회복과 치료가 쉽지 않습니다. 일은 매일 하는 것이라 술을 끊고 마약을 멀리하듯이 중단하기도 어렵습니다.

일에 중독되면 의미를 구성하는 방식도 달라집니다. 그건 통합체와 계열체, 서로 다른 의미구성 방식으로 설명할 수 있습니다. 통합체는 의미를 구성하는 요소의 선형적 결합이며 계열체는 통합체의 범주 안에서 대체가능한 요소의 묶음입니다. 예를 들면, 코스 요리를 먹는다는 의미는 음료와 전채, 주요리와 후식까지 연결된 순서를 따르는 것이기도 하고, 해당 계열마다 자신이 원하는 개별 요리를 선택하는 것이기도 합니다. 코스 요리를 먹을 때 당신은 통합된 결속에 비중을 두나요? 아니면 계열의 선택이 더 중요한가요? 영화를 본다면 당신은 처음-중간-끝, 혹은 원인-결과의 인접성에 더 비중을 두나요? 아니면 장면마다, 사건마다, 인물마다 다르게 선택된 정보에 즐거움을 느끼나요?

대개 일 중독자는 통합체적 의미구성에 집착합니다. 시작이 있다면 다음 단계로 빨리 넘어가야죠. 문제가 있다면 원인이 파악되고 해결이 되어야죠. 일이 잘 처리될 수 있도록 돕는 분류 도식, 자기계발식 지침, 성과를 지향하는 도구언어가 자주 참조됩니다. 시간 순서, 원인과 결과, 촘촘하게 연결된 행위성만으로 일상의 의미가 부여되면 일 중독자의 삶을 사는 것입니다.

그들은 '너무 바쁘지만 잘 지낸다'며 쿨하게 말합니다. 평일 저녁이나 주말에 여가도 즐긴다고 말하지만 일 중독자는 휴식조차 일처럼 합니다. 일을 열심히 했으니 이제 '노력해서' 쉴 차례입니다. 쉬고 나서는 또 일을 해야 하니까 잘 쉬어야 합니다. 느긋하고 한가롭게 쉬면 안 됩니다. 뭘 해야만 쉰 것 같습니다. 운동을 하더라도 스케줄로 관리하거나, 구체적인 목표가 있거나, 인풋 대비 아웃풋이 도출되어야 합니다. 그렇게 쉼조차도 분주함이 자랑이고, 분주하지 않으면 결핍의 존재로 느껴집니다. 일 중독자는 자신이든 타인이든 돌봄이 없는 삶을 삽니다.

나는 《미학적 삶을 위한 언어감수성 수업》에서, 세상에 통용되는 통합체의 인접 요소가 온전하게 재현된 실재인지 자주 질문했습니다. 처음(배경)-중간(문제)-끝(해결)의 서사든 서론-본론-결론의 논증이든, 글로 만든 것이든 그림이나 사진으로 구성된 것이든, 우리는 의미 정보의 인접된 결속에 익숙하기에 그게 우리 삶의 전부이고 진짜로 보이지만 어쩌면 그건 세상에 유통되는 문화적 구성물일 뿐인지 모릅니다.

누구든 중독의 삶에서 완전히 자유롭기 어렵습니다. 중독의 습관은 흡입력이 있기 때문입니다. 중독은 지루하고 유약한 일상에 놓인 우리를 늘 유혹합니다. 목표와 대상 지향적 삶에 의존하게 하고 그만큼 각자 삶의 자율성을 잃게끔 유도하는데, 그게 묘하고도 특별한 자의식을 줍니다.

그런 점에서 우리는 일 중독의 언어, 특히 완결성과 순차성의 통합체적 의미구성에서 자유롭기 위해 노력해야 합니다. 시작-중간만 있고 끝이 보이지 않을 수 있잖아요. 불균형에서 성급히 균형의 의미구조를 만들 수는 없잖아요. 그렇다면 조용한 시골에 가서 고작 밥만 해먹던 〈삼시세끼〉 예능방송처럼 유사한 의미 요소가 반복될 수도 있겠죠. 통합체적 의미축이 느슨해져야만 그만큼 계열 요소의 선택이 중요해질 수 있습니다. 주말 아침-점심-저녁의 스케줄보다 아침에 어디서 누구와 무엇을 할 것인지가 제일 중요합니다. 아침엔 요가를 할 수도 있고, 산책을 할 수도 있고, 잠을 잘 수도 있습니다. 그럼 때로는 아침-아침-아침의 시간을 보낼 수도 있겠죠.

일이나 쉼의 통합체적 의례를 폐기하고 즉흥적이고 감각적으로 살자는 제안이 아닙니다. 의미는 통합체든 계열체든 하나의 축으로 구성될 수 없으니까요. 처음-중간-끝, 문제-개입-해결의 통합체적 의미구성에만 집착하는 일 중독의 삶을 경계하자는 것입니다.

나도 일 중독자였습니다. 일에 전념하는 나, 일로 만든 성과로 표현되는 나는 참 괜찮게 보였거든요. 일을 통한 성취감은 지속적인 갈망과 탐닉으로 연결되었죠. 언제부터인가 밤에도, 주말에도, 방학에도, 언제나 일에 관한 무언가를 생각하고 있는 나를 발견했어요. 자유의지로도 통제가 되지 않았습니다. 자꾸 하면 할수록 일을 멈추지 못하고 더 하게 됩니다. 그리고 아무리 더 하고, 또 잘 마쳐도 마음은 채워지지 않았어요.

결국 두 손 들었습니다. 공개적으로 페이스북과 같은 공간에서 쉼의 의례를 지킬 것이라고 선언했습니다. 일을 하다가 인색하게나마 시간을 내서 쉬지 않겠다고 먼저 결단했습니다. 일의 성과가 쉼의 조건이 되지 않도록 했습니다. 일의 속도와 성취에 상관없이, 정해진 시간이나 쉬고 싶을 때 일을 언제든 중단했습니다.

애써 계획표를 짜지 않고 재즈를 들으며 하루를 시작합니다. 오후엔 무반주 첼로 독주도 듣습니다. 음악에 조예가 깊지 않은 나는 이내 지루해집니다. 배가 고프기도 하고 그럼 라자냐를 먹어볼까 궁리합니다. 토마토도 구우면 좋겠고요. 블랙 올리브, 바질, 후추 등을 대충 넣고 굽다가 모차렐라 치즈를 얹어 먹으면 그럴 듯한 요리가 됩니다. 아내와 강아지와 동네 산책도 자주 합니다. 평일에 도심을 혼자 걷기도 하지만 주말에는 긴 시간 동안 숲길을 작정하고 걷습니다.

바쁘게 일만 하면 살아가는 의미가 시간성이나 인과성의 통합체적 요소로만 촘촘하게 채워집니다. 성취감이나 경쟁의식에 중독된다면, 인접된 의미 정보가 온전하게 채워지지 못할 때 불안하거나 우울하게 되죠. 그래서 우리는 통합체적 요소를 다소 느슨하게 배열하고 계열체적 선택에 즐거움을 찾는 연습이 필요합니다.

나는 시작부터 마침까지 절차의 경계선이 분명하게 공지된 일을 할 때 일부러 외출을 자주 하는 편입니다. 전시회 가는 걸 좋아합니다. 예전에 '밀레' 특별전에 가서 넋 놓고 그림을 몇 시간 보다가 쉼과 회복을 느낀 적이 있습니다. '인상주의 화가들이 정말 밀레의 영향을 받은 건가?' 그런 생각을 하다가 복사판 그림 두 점을 샀었죠. 그리고 나와서 봄날의 올림픽공원을 걸었는데 몸과 마음이 참 상쾌했습니다. 전시회가 있는 동네는 대개 산책하기도 좋은 곳입니다. 서울에 사는 나에게는 잠실이나 양재천이 그런 곳입니다. 그런 공간에서 한가롭고도 즉흥적인 시간을 보내고 나면 일을 할 때 느껴지는 연속성의 긴장이나 강박도 사라집니다.

> '이렇게 쉬고 나면 뭘 창조적으로 만들거나, 부지런히 일을 다시 시작해야만 하는 것 아닌가. 이러다가 아무런 변화가 없으면 어떡하지?'

중독과 강박에서 자유로워질 때 그런 조급한 마음이 다시 몰려오기도 합니다. 그럴 때마다 나는 다시 재즈를 듣거나 고양이와 강아지와 놀거나 무작정 도심에서나마 걷습니다. 문제를 해결하기 위해 투입한 행동 처방이 아닙니다. 그렇게 한가롭게 시간을 보내면 지루하거나 피곤해서 상황이나 내면을 과거-현재-미래나 원인-결과로 결박시키려는 미혹이 사라집니다. 나는 지나친 낙관도, 지나친 비관도 함께 사라지는 그때 공백감이 참 좋습니다.

나는 내 분야에서 최선을 다하는 연구자의 삶을 살 것입니다. 다만 미숙하게 서두르거나 턱없는 영향력을 꿈꾸지 않을 것입니다. 도박꾼처럼 살고 싶지 않거든요. 도박꾼과 같은 연구자는 중독의 삶을 선택할 수 있죠. 그래서 소박하고도 자유롭게 지내는 것이 내게 참 중요합니다.

혹시 중독의 괴물이 당신 마음을 여전히 채우고 있나요? 중독은 우리의 일상을 선물로 느끼지 못하게 합니다. 폴 세잔이 말한 것처럼 현재성에 집중하면서, 일상에 배치된 '향기마저 볼 수 있는' 듯한 (자신에게 허락된 삶의 경관에 민감할 수 있는) 고유한 삶을 찾아야만 합니다.

큰 스승에게 구하는 것

분투하며 속도 내는 삶을 살고 있을 때 큰 스승을 만나야 합니다. 앞만 보고 내달릴 때는 시선의 폭이 앞쪽으로 좁아져서 넘어지기 딱 좋습니다. 멀리 본다고 하더라도 여전히 속도에 취해 단계와 절차, 성공과 성취, 문제와 해법에 관한 실증적이거나 결정론적 언어만 눈에 밟힙니다. 그러나 우리가 보지 못하고 해결할 수 없는 복잡계의 세상이 있습니다. 큰 스승이라면 그걸 비유와 상징으로 깨우쳐줄 수 있습니다. 미디어에서는 '멘토'라는 말을 자주 사용하던데, 나는 그냥 '스승'이라고 부르겠습니다.

눈에 보이는 것만 세상이 아닙니다. 말이나 글로 옮길 수 있는 것만 마음이 아닙니다. 원인을 규명할 수 없는 질병이 있습니다. 이성으로 통제되지 못하는 욕망이 있습니다. 모두 모순적이고 다면적이면서 가변적이고 역동적입니다. 그래서 과학의 언어뿐 아니라 비유의 언어가 참조되어야 합니다. 예를 들면, 아픈 몸과 마음은 의사의 언어뿐 아니라 환자의 언어로도 해석되어야 합니다.

큰 스승이라면 수술을 집도하거나 처방약을 제시하지 못하더라도 그만의 비유와 혜안으로 질병과 죽음, 고통과 회복, 상실과 사랑에 관해 엄중하고도 따뜻한 가르침을 줍니다. 물론 당신이 세상을 객관적이고 실증적으로 숙지하는 실재론자라면 비유의 언어를 사용하는 스승을 단지 개똥철학자 수준으로 볼 수 있어요.

마음과 세상을 비유로 재현하는 언어는 어디에서 주로 찾아볼 수 있나요? 스님, 신부님, 목사님은 대개 비유로 설교를 합니다. 시와 소설과 같은 문학작품, 음악이나 영화, 광고나 홍보물, 혹은 일기나 여행 후기 등과 같은 일상의 서사물에도 비유의 언어는 자주 등장하죠. 자신이 내린 중요한 의사결정을 한번 생각해보세요. 사실 우리는 비유의 언어로부터 큰 영감을 얻곤 합니다.

나는 그런 비유의 언어를 지면으로 만나는 편입니다. 직접 뵌 적이 없더라도 후학에게 남겨둔 스승의 글을 통해 힘을 얻곤 합니다. 예를 들면, 문학평론가인 김윤식 선생님은 장 폴 사르트르의 말을 인용하며 자신이 하는 일을 납골당 지키는 '묘지기'라고 불렀어요. 묘지처럼 평화롭고 잠잠한 서재와 같은 곳, 죽은 자들이 남겨둔 책을 붙든 직업의 메타포입니다. '납골당의 묘지기'가 정말 대범하면서도 멋진 삶의 비유라고 생각했어요.

원로 국문학자인 조동일 선생님의 글은 내가 한국에서 교수로 임용되던 때 처음 읽었습니다. 그분이 저술한 《학문론》이란 책에 이런 멋진 구절이 나옵니다. "학자는 저술로만 말한다." 그런 노학자의 아포리즘에 얼마나 마음이 설레었는지 모릅니다. 그걸 메모지에 적어 연구실 책상 옆에 붙여두었습니다. 교수가 되어서 녹록지 않은 일상을 그런 비유로 이겨내곤 했어요.

유홍준 선생님이 자신의 삶과 세상을 비유적으로 표현하는 글도 좋아했습니다. 한국 미술사에 관한 연구문헌을 만든 선생님에게 비유는 장식 수준의 언어장치가 아니었습니다. 우리가 살아온 기억과 일상의 유산을 다시 구성하고 분류하는 역동적인 표현방식이었습니다. 대중이 잘 모르는 학문 분야에서 일하는 것이 외롭지 않으냐는 기자의 질문에, 선생님은 전도사에 빗대어 이렇게 대답했습니다.

> "외롭지도 않았어요. 끌고 다녔으니까요. 힘들지 않았냐고 물어보면 내가 하는 말이 있어요. 전도하는 마음으로 한다고 했어요. 한국 미술사를 전도한다는 마음으로 하니까 힘들지 않았어요. 전도사는 안 믿겠다는 사람을 믿게 하는 게 일인데, 믿겠다는 사람들을 데리고 답사하면서 강의하는 게 뭐가 힘들겠어요. 힘들지 않고 즐겁습니다."[6]

역시 책으로만 뵐 뿐이었던 신영복 선생님도 《담론》의 출간 인터뷰에서 다음과 같은 계시적인 비유를 남겼습니다.

> "당장의 문제보다 10-20년 후의 우리 삶을 염두에 두는 대안담론의 생산지, 현재 지배하는 주류담론에 대한 저항담론의 산지가 되어야 합니다. 인문학도 (…) 사회, 내 삶에 대한 통절한 성찰성이 바탕에 깔려 있고 그를 뛰어넘는 전망성이 없으면 진정한 의미의 인문학이라고 하기 어렵습니다. (…) 지식인은 (…) 무엇보다 비판담론, 저항담론, 대안담론 생산에 충실해야 하고, 그 담론들을 실천할 사회적 주체들을 키워내는 것이 지식인들이 할 일입니다."[7]

글만으로도 이렇게 가슴 벅찬데 내 눈으로 직접 보고, 눈앞에서 말씀을 듣고, 손이라도 한번 잡을 수 있다면 얼마나 좋았을까요. 난 그릇이 크고, 강직하고도 따뜻한 언어로 말을 걸어주는 큰 스승이 그리웠습니다.

학교에서 좋은 스승을 몇 분 뵐 기회도 있었는데 표정은 온화하고 후학에게 관대하셨습니다. 내가 스스로 흠이 많고 그릇이 작다고 책망할 때 그분들은 이렇게 말씀해주셨습니다. "신교수, 당신 참 특별합니다. 내 눈엔 귀하고 특별한 그릇입니다. 귀한 마음을 글로 담으세요." 창피했죠. 난 그런 말을 들을 자격이 없다고 생각했거든요. 스스로 보잘 것 없다는 내게 '귀하고 특별한 그릇'이라는 표현을 주셨어요.

교회에서 그런 말을 들은 적이 있어요. "온전히 내려놓고 진리 앞에서 자유로울 때 내 바깥의 큰 그릇이 내 것이 된다." 내가 알고 있는 큰 스승들도 진리 앞에서 자유를 구하면서 큰 그릇을 품고 살게 된 것이겠죠. 그런 분들의 주머니에는 이미 보석이 채워져 있어서 모래판에 보이는 이쁜 조약돌 몇 개를 두고 싸움질을 하지 않았을 것입니다.

자기가 서 있는 곳에서 치열하게 헌신하고 사랑하는 분, 영혼의 품격이 있는 분, 오만하지 않고 초월적인 질서마저 겸손하게 수용하는 분, 넘치는 지성과 상상력을 가진 분, 시정잡배처럼 떼를 지어 몰려다니지 않는 분, 독립적이면서 자신의 직업윤리에 엄격하신 분. 그런 분들은 두텁고도 깊은 언어를 사용하는 큰 스승입니다. 지각과 용기를 비유의 언어로 연마한 분들입니다. 얼마 전에 작고하신 이어령 선생님도 그런 분이셨습니다. 선생님의 책을 보면 신기했죠. 듣지도 보지도 못한 새로운 비유가 늘 넘쳤거든요.

나는 생계와 생활에 결박되곤 했지만, 내가 한번도 가보지 못한 전혀 다른 삶과 앎이 있다는 가능성을 비유의 언어로부터 상상할 수 있었습니다. 비유는 힘이 있어서 가능성의 삶을 마치 실제적인 현실처럼 생생하게 느끼도록 도왔죠. 큰 스승의 언어를 탐구하고 경청하는 이유는 혜안 가득한 상징과 비유로 세상을 다시 보기 위함입니다.

나는 홀로 분투하며 연구자의 삶을 탐험가처럼 개척했습니다. 변곡점을 만날 때마다 최선을 다해 의사결정을 했지만 곤혹스럽고 두려울 때가 많았습니다. 관료적이거나 위계적인, 그래서 집단 서열의 그림자로 살아가는 사람들을 만날 땐 평정심을 잃곤 했습니다. 그럴 때마다 훌쩍 찾아가서 말씀만이라도 두런두런 나누고 싶은 스승이 그리웠습니다. 나는 무슨 얘기를 나누고 싶었던 것일까요? 어느 스승이든 지금 처한 내 상황을 자세히 알 수도 없고, 나도 소상히 말하지 못하겠죠. 우리는 아마 비유로 상징적인 의미를 교환했을 것 같습니다. 고통을 겪거나 지혜가 갈급할 땐 비유만 한 언어가 없습니다.

분투하는 삶을 살고 있다면 우리는 세상을 다르게 바라볼 수 있는 비유의 언어를 만나야 합니다. 아쉽게도 비유와 상징을 가르치고 배울 곳이 소멸되고 있습니다. 이젠 무교양주의(philistinism)가 시대 풍조이고 삶의 원리가 되었으니까요. 비유의 언어는 인생에서 불필요한 유희일 뿐이고, 시대에 뒤쳐진 인문학자가 연구하는 골방의 학문이라고 폄하됩니다. 경제나 지식정보 기반의 사회질서가 강화되고 대학도 기업처럼 조직되니, 대학에서 비유와 상징의 언어를 가르치는 교수도 점차 사라지고 있습니다.

당신이 분투하는 삶에 지쳐간다면 어디에서든 누구로부터든 비유와 상징의 언어를 찾기 바랍니다. 언제든지 비루해질 수 있는 삶을 버티려면 나와 세상의 또 다른 가능성을 꿈꾸어야 합니다. '또 다른 존재의 미학'은 비유와 상징의 언어로부터 기획되거나 상상될 수 있습니다.

"당신 잘못이 아닙니다"

우리가 독립적인 개인으로 성장하는 과정에서 우선적으로 학습하는 언어의 형태는 'I sentence', 즉 '나는 — '으로 시작하는 문장입니다. 내가 본 것, 내가 한 것, 내가 좋아하는 것, 내가 원하는 것을 말하는 문장입니다. '나는 — '으로 시작하는 문장이 익숙해지면서 '나'와 '너' 혹은 '우리'와 '그들'의 서사도 배우는 것이고, 그런 후에 질문, 발표, 토론, 논증의 언어사용에도 익숙해지는 것이죠.

언어학자 에밀 뱅베니스트는 우리 모두가 자신만의 언어사용을 반복하면서 개별적이고 고유한 정체성으로 사회화된다고 보았습니다. 지시대명사 '나는'으로, 수동태가 아닌 능동태의 동사로, 욕망하는 대상인 목적어를 직접 선취하는 문장구조를 누구나 쉽게 사용하는 것은 아닙니다. 그런 언어를 자꾸 사용하려고 할 때 나는 그만한 행위주체가 되는 것이고, 그런 행위주체로 살아갈 수 있으니 내가 그런 언어를 사용할 수 있는 것입니다.

어린 학생일 때는 마음껏 '나는 ―'문장을 만들 때입니다. 경험이 많아질 때입니다. 갖고 싶은 것도 많을 때입니다. 그런 말을 배우며 되고 싶은 나만의 자아정체성을 갖기도 합니다. 그런데 그런 1인칭 문장을 입 밖에 내지 못하는 사람들도 많습니다. 1인칭의 주체와 연결된 행위나 내면이 그저 불편하고 힘들 뿐이라면 누구도 좀처럼 '나는 ―' 문장을 말하지 못합니다.

당신도 그랬습니다. 남 얘기, 풍경 얘기만 해요. 억울한 사건을 겪은 뒤 자신을 탓하고 숨기며 자신이 주체가 되는 1인칭 문장이 사라졌습니다. 물론 터널은 다 지나가야 지나가는 것이니까요. 고통을 지날 때는 지름길이 없더군요. 슬픔을 해결하는 단축키도 없습니다. 믿었던 사람으로부터 몹쓸 일을 당하고 오랜 시간 끙끙 앓을 수밖에요. 다른 피해자가 사건을 밝히면서, 그제야 떨리는 목소리로 당신도 조심스럽게 말을 보탤 뿐이었습니다.

내가 정말 안타까운 건 당신은 잘못한 것이 없는데, 그저 믿고 따른 것뿐인데 당신이 너무 고통받는 것입니다. 거기 건물만 보여도, 전화벨만 울려도, 혹시나 갑자기 길에서라도 그 사람을 만날까, 신경이 자꾸 곤두선다고 했어요. 게다가 시간이 갈수록 당신이 신중하지 못했다고, 제대로 처신하지 못했다고, 인생을 잘못 살았다고, 자꾸만 자신을 책망하고 숨게 됩니다. 내 말이 큰 보탬이 되지 않겠지만 제발 부탁합니다. 그러지 마세요. 당신의 잘못이 아닙니다.

나도 억울하게 인터넷에서 괴롭힘을 당한 적이 있습니다. '학자로 공부만 하면서 살았는데 왜 나를 전혀 모르는 사람이 내게 허무맹랑한 악성 댓글을 달까.' 처음에는 황당했고 그러다가 억울하고 불편했고 결국 언제부터인가 모습을 감추고 공적인 글도 쓰지 않으며 숨기 시작했어요. 마음의 상처를 입은 것이죠. 그런데 이건 모두 우리 잘못이 아닙니다. 고통이 있더라도 우린 자책하지 말아야 합니다. 폭력이 방치되고 피해자가 오히려 수치심을 가져선 안 되죠. 우린 서로 격려하면서 일상을 다시 회복하고 우리의 마음을 찌르는 폭력과 맞서야 합니다.

영화 얘기를 하나 해보죠. 너무 옛날 영화라는 건 이해해주세요. 아직도 잊히지 않는 장면이 많아서 그렇습니다. 맷 데

이먼이 주연을 맡은 〈굿 윌 헌팅〉인데 줄거리는 이렇습니다. 윌 헌팅은 보스턴 빈민가에 살면서 대학교에서 청소를 하는데 천재적인 두뇌를 가지고 있죠. 양아버지의 학대와 가난 때문에 모멸을 당하며 거칠게 살아가던 윌은 우연히 수학과 교수에게 재능을 인정받아요. 윌은 심리학 교수인 숀 맥과이어 교수를 소개받습니다. 그리고 심리치료 과정에서 상처를 치유하고 새로운 인생을 시작합니다.

맥과이어 교수는 윌이 가진 내면의 아픔에 깊은 애정을 갖고 관찰합니다. 맥과이어 교수의 품에 안겨 윌이 흐느껴 우는 장면은 아직도 기억에 남아요. 맥과이어 교수가 자신의 연구실에서 상담하는 중에 윌에게 다가가면서 이렇게 말합니다.

"It is not your fault."

몇 차례나 반복해서 말하는 장면이에요. 고통(의 결과)이 윌의 잘못이 아니라고 말하는 교수의 진심이 느껴지지만 윌은 괜찮은 척하죠. "알죠"라고 퉁명스럽게 대답합니다. "그건 네 잘못이 아니야"라며 맥과이어 교수가 몇 번이고 다시 다가와서 말합니다. 당황한 윌은 짜증도 내고 욕을 하며 그를 강하게 밀쳐내기도 합니다. 그래도 맥과이어 교수가 또 다가와서 진심 가득한 얼굴로 "그건 네 잘못이 아니야"라고 말을 건넵니다. 결국 윌은 그를 껴안고 서럽게 웁니다.

입을 삐쭉대며 "나도 알죠"라며 쿨하게 말하던 윌은 사실 크게 상처받았고, 배제되었고, 그래서 고통스럽고 힘든 삶을 살았습니다. 사람들은 그를 무시했고 한편으론 배반했습니다. 윌은 서로 돕고 배려하는 인격적인 사랑을 경험하지 못했습니다. 그게 내 탓만이 아니라고 머리로는 생각하고 있었죠.

아마도 누군가가 나를 빤히 쳐다보며 "그건 네 잘못이 아니야"라고 진심으로 자꾸 말을 걸어준다면… 나도 그렇게 눈물이 날 것 같습니다. 윌은 1인칭의 감정, 경험, 서사를 온전하게 전달하지 못했어요. 욕을 하거나, 냉담하거나, 남 얘기만 하며 비난했죠. 윌은 맥과이어 교수의 도움으로 웅크리고 도망다니던 자신의 내면과 처음으로 화해합니다.

어떤 문제가 발생했다면 원인은 늘 단순하지 않습니다. 일방적이고 억울하게 당할 때도 많아요. 자기 탓만이 아닌 건 분명하죠. 그렇지만 문제를 안고 살아야 하는 건 본인이기 때문에, 기억과 기대를 왜곡하면서 자신이 원인의 제공자라는 자책감을 가집니다. '아, 내가 그때 다르게 처신해야 했는데' '내가 좀 더 적극적으로 해결했어야 했는데' 그런 식으로 자꾸 생각하면서 위축됩니다. 이럴 땐 수동태, 과거형, 가정법의 문장이 자주 등장합니다. 그러나 복잡한 문제는 복잡한 언어로 길고도 복잡하게 서술되어야 합니다.

부모님이 이혼한 것도, 사랑하는 사람이 아픈 것도, 자녀가 상급 학교에 진학하지 못한 것도, 따돌림을 당하고 있는 것도, 모두 당신 잘못인 것 같아서 '나는 —' 문장을 문제적 행위로만 연결하지도 마세요. 원인도 나, 결과도 나라고 자책하면 '나로 시작해서 나로 종결되는 나만의 문제적 삶'을 과장하게 됩니다.

  '내 잘못'이라며 자책하지 않고 일단 오늘 하루 존귀한 삶을 선택하기로 해요. 버티려면 상황을 다시 직면합시다. 문제를 하나씩 해결하려면 시간이 더 걸릴 겁니다. 그동안 울기도 하고 일이 손에 잡히지 않을 수도 있죠. 그래도 '내 잘못'이라며 마음의 문을 닫지만 않는다면 다른 상황이 올 수 있습니다. 황당하고 억울한 일이 내게 생겼다면 행운이 넘치는 기쁜 일도 내게 생길 수 있는 것이죠.

"

02

자유와

사랑을

되찾으며

내 삶의 현장에서 보이고 들리는 나쁜 언어에 먼저 감수성을 가져야 합니다. 서사든 논증이든, 만화로든 그림으로든, 웅변이든 고백이든. 우리의 언어를 갈고 닦아서 그걸 반지성적이고 폭력적인 언어 사회에 끼워 넣어야 합니다.

"

(4)

자유를 다시 찾기 위해서

코로나 시대에 꿈꾼 자유

팬데믹 시대를 어떻게 감당하셨나요? 혹시 당신의 자유로운 일상이 노골적으로 침해되진 않았나요? 그때는 바이러스가 창궐한다는 이유로, 혹은 모두의 생명이 위험에 처하지 않도록 방지한다는 이유로, 개별적인 삶의 동선마저 모두에게 공개되고 조사되었습니다.

권력적이면서 공학적인 네트워크로부터 우리 모두의 신체와 건강이 정교하게 관리되면서, 나는 전체주의 통치가 이와 다를 바 없다고 생각했어요. 위험하니까, 예방해야 하니까, 국가와 자본을 지키기 위해서 어쩔 수 없으니까, 국경이든 지역이든 사적 공간이든, 어느 곳이든 봉쇄할 수 있는 행정명령에 우리는 순복해야 했습니다. 가정, 회사, 학교, 교회 어디든지 자율적인 통제가 허락되지 않았습니다. 서로 다르게 살아가는 혹은 그렇게 살아갈 수밖에 없는 다양한 삶의 방식은 단번에 무시되었습니다.

그런 중에 똑같은 옷을 입고, 똑같은 말과 행동을 반복하며, 자신의 영혼이 획일적으로 통제되기를 허락한 신천지 종교집단의 청년들이 세상에 알려졌습니다. '텔레그램 n번방'의 10대 소녀들이 26만 명의 남성들로부터 자신의 몸과 마음을 착취당했던 사건의 수사 결과도 연일 보도되던 때였습니다.

그런 때에 정당 정치는 한심하기만 했습니다. 이전부터 그들은 팔짱을 끼고서 정체불명의 위성 정당을 제도권에 허락했고, 비례투표의 등가성으로부터 보장받아야 하는 다양한 소수 정당의 원내 진입을 가로막았습니다. 아무리 여소야대, 탄핵소추가 염려스럽다는 명분이라도 개정된 선거법과 위성 정당의 출현으로 양당이 대립되는 진영의 정치, 제왕적인 대통령 중심제도가 더욱 오용되었습니다.

대립하는 양당의 지지자들은 저마다의 진영 논리가 상대편보다 도덕적으로나 정치적으로 우월하다고 맹신하겠지만 어느 편에도 소속되지 않는 나같은 사람의 눈에는 모두 배타적인 교조주의자로 보였어요. 바이러스의 창궐로 우리의 심신은 틀어막혔고 제도권 정치는 서로 다른 삶의 공존을 위해 노력하지 않았습니다.

그런 감염의 시대는 내게 한없이 우울한 때였습니다. 세상은 자유가 사라진 디스토피아로 보였죠. 코로나 바이러스가 창궐하기 바로 직전에 아버지가 말기 암 판정을 받고 갑자기 돌아가셨거든요. 수개월 동안 병원과 집을 오가며 참 힘들었습니다. 결국 고향인 대구에 어머니가 홀로 남으셨는데, 코로나 바이러스가 거기서 걷잡을 수 없이 퍼졌죠. 그땐 참 막막했습니다. 갈수록 권위주의는 창궐하고 목숨만 붙이고 사는 느낌이었습니다.

그렇지만 마음 한구석에 묘한 기대감이 담겨 있었어요. 방역의 이름으로 자유가 하나씩 제거될수록 자유롭게 산다는 것이 무엇인지 더욱 선명하게 기대하고 기억하기 시작한 것이죠. 눌린 만큼 다시 튀어 오르겠다는 소망이었습니다. 몸은 갇혀 있었지만 그럴수록 '자유롭게' 살고 싶다는 꿈을 꾸었습니다. 다시 자유롭게 된다면 눈치 보지 말자고 다짐했죠.

《담론의 이해》와 《미학적 삶을 위한 언어감수성 수업》을 발간하면서 자유, 사랑, 존귀한 삶의 양식이 회복될 때 언어가 어떤 역할을 하는지 주목했습니다. 그때 내가 할 수 있는 최선은 그렇게 다짐하고 기대하는 것과 함께 글을 읽고 쓰는 일이었어요. 어느 때보다도 읽고 싶었던 글을 읽었던 것 같아요. 쓰고 싶은 글을 쓸 때만이라도 자유를 느끼고 싶었죠. 이 책의 원고도 그때 만들기 시작한 것입니다.

팬데믹 시대는 내가 늘 보고 듣고 사용하던 언어를 훔쳤거든요. 엄숙하고 거창한 언어가 미디어를 채웠죠. 언어의 기능이라고는 고작 위험과 안전을 다루고, 선언과 지시를 전달하는 것이었습니다. 게다가 인종과 지역이 특정되고 혐오될 때 언어는 오용되기도 했습니다. 미국을 포함한 세계 곳곳에서 코로나 바이러스를 '우한 폐렴'이라고 불렀고 그로부터 중국(인)과 동아시아(인)를 차별하고 혐오하는 건 어디서나 쉽게 목격되었습니다. 다양성을 경험하고 말을 섞으면 차별을 위한 고정관념도 소멸될 수 있는데, 감염의 시대는 이동마저 쉽지 않아서 누군가를 혐오해도 되는 사회질서가 고착되었습니다.

감염의 시대는 정말 종결된 것인가요? 새로운 전염병이 창궐할 수도 있겠죠? 만약 우리의 몸이 다시 꼼짝없이 갇힌다면 그때 우리는 지난 팬데믹과는 다르게 대처해야 합니다. 격리와 폐쇄가 적절하거나 유일한 조치인지 다양한 시선에서 이의를 제기해야 합니다. 생명도 귀하지만, 자유에 관한 기본권이 보장되어야 합니다.

만약 격리와 고립을 피할 수 없다면 글이든 말이든, 비대면 플랫폼이든 전통적인 매체이든, 자유로운 삶을 여전히 소망할 수 있다는 (보고 듣고 읽고 쓰며 표현할 수 있는) 인문예술 콘텐츠가 사회적 공공재로 공유되어야 합니다. 고통과 위험이 목격되는데 한가롭게 자유와 사랑을 꿈꾸며 그걸 표현하고 나누라고요? 예, 나는 그렇게 생각합니다. 화가였던 앙리 마티스는 노년에 수술을 받고 그림을 그리지 못하자 괴로워하던 중에 침대에 누워 색종이를 오렸습니다. 그리고 그걸 캔버스에

붙이면서 표현의 즐거움을 다시 찾았죠.

강렬한 색채로 그림을 그리던 유명 화가 역시 고통이 깊어질 때, 몸의 자유가 제한될 때, 고작 색종이 오리기라는 표현만으로 유의미한 삶을 유지할 수 있었습니다. 언어와 기호로 표현하고 소통하는 힘은 고립과 고통의 순간에 더욱 빛이 납니다.

반지성주의를 경계할 것

나는 응용언어학 연구를 하면서 권위주의, 집단주의, 전체주의, 반지성주의, 근본주의에 관해 이의를 제기합니다. 정당 정치에 관해 엄밀하게 연구하진 못하지만, 민주주의와 표현의 자유를 훼손하는 권위주의 행정에 대해 비판적인 입장입니다.

예를 들면, 지난 수년 동안 거대 정당은 국회 안에서 문제적 상황을 예단하고, 즉각적으로 표결로 처리하고, 법안을 서둘러 집행했습니다. 정책을 집행하겠다고 여당 담당자가 발표하는데 관계부처에서는 전달받은 바가 없다고 말한 적도 있습니다. 더 나은 세상을 만들겠다면 불편하더라도 절차적 민주주의가 존중되어야 합니다. 일이 성사되지 못한다고 화를 내고 밀어붙이면 안 되죠. 못난 놈은 빼두고 잘난 분들끼리만 해도 안 됩니다.

우파-좌파 진영의 투사들이 '자유'나 '정의'를 선포하는 모습이 미디어에 자주 나옵니다. 진리는 거창하게 공표되는데, 진리의 효과를 경계하면서 능숙하고도 유연하게 문제를 직면하고 때로는 타협하며 어떻게든 해결하려는 정치인은 많지 않습니다.

지금은 복잡한 세상이고 문제는 늘 꼬여 있는데 정치인은 당파적 이해관계에서 벗어나지 못합니다. 다양성, 공존, 균형, 상호협력의 가능성은 나와 같은 응용언어학 연구자뿐 아니라 정치인에게도 열려 있어야 합니다. 경계를 넘으며 의미를 새롭게 조정할 수 있는 정치인이 필요하지 않을까요? 짧고 거친 언어, 지시하고 선언하는 언어보다 길게 조곤조곤 기술하고 해석하고 설명해주는 정치언어가 그래서 필요합니다.

박사님들이 넘치는 학계에서도 권위주의나 반지성주의 문화가 만연합니다. 문제를 드러내고, 함께 논의하고, 다르게 해결하자는 지성적 접근이 존중되지 않곤 합니다. 내가 서 있는 학계만 봐도 거시적 담론, 구조화된 권력의 질서를 다루는 것이 좀처럼 허락되지 않습니다. 다르게 읽고, 길게 쓰고, 낯설게 질문하고, 토론을 해보고, 논쟁을 교환하는 것을 피하거나 폄하하는 문화도 남아 있습니다. 그런 곳은 같은 편끼리만 통하는 다 아는 얘기, 같은 진영에서만 견고하게 구축한 지배담론만 남습니다. 거기서 조금만 벗어나는 시도가 있으면 애써 배제하고 경원합니다.

젊은 지성의 씨가 말라가고 있습니다. 신참은 나서지 말고 미소로 화답하고 그저 좋은 말로 응대하며 불러줄 때까지 대기만 하라고 하거든요. 갈고 닦고 또 닦아서 전임교수는 되어서야 조심스럽게 입을 열라고 하죠. 사람들 모인 곳에서 두루뭉실한 말로 사랑방 만담만 보태야 하고요. 대체 연구자의 삶을 온전히 살라는 것인가요, 아니면 홍보지 기자처럼 처신하라는 것인가요?

권위주의와 반지성주의를 조장하는 사람들은 지금 질서만 지키겠다고 작정한 기득권력입니다. 미디어를 포획한 지배 담론의 적극적인 추종자입니다. 우리는 반지성주의가 다른 의견을 배제하거나 지배하기 위한, 또는 차이와 다양성의 가치를 감추기 위한 고도의 통치술임을 알아야 합니다. 반지성주의가 지배하는 사회는 전체주의, 상명하달의 원리, 따돌림의 폭력이 넘칩니다.

"입 다물어. 가만히 있어. 아는 척하지 마."

그런 말에 겁을 먹고, 모두 소심하게 몸을 낮추고, 통치자가 듣고 싶은 말만 숙지하고 또 반복하고 있다면, 거긴 앞으로도 단일하면서도 위계적인 공간으로 남을 것입니다. 누군가의 결핍을 찾아내서 마음껏 차별하는 관계성의 질서만 돋보일 것입니다. 개인들은 침묵을 선택할 것이고, 언제나 폄훼되고 지적될 수 있는 자신의 결핍을 놓고 자책할 것입니다.

여러 형태의 폭력이 비일비재했던 현장을 알린 문화체육계의 모든 청년을 지지합니다. 미투 운동을 통해 고통을 호소한 모든 분을 응원합니다. 글로 말로 외롭게 버티며 감당할 것을 감당한 모든 분을 지지합니다.

체육계만 보더라도 프로농구팀 감독의 폭행, 체조협회 임원의 추행, 올림픽 빙상팀 코치의 성폭행 등 예전부터 가해와 폭력은 심각한 수준이었습니다. 피해와 고통은 대개 선수들의 몫이었지요. 대통령마저 공식 석상에서 문제를 언급하고 국회도 입법안으로 대책을 마련하면서 2019년 스포츠 미투 사건은 드디어 구조적인 폐해로 다뤄지기 시작했습니다.

그러나 성적 지상주의나 스포츠를 통해 국위를 선양하는 기존 패러다임이 폭력을 조장할 수 있다는 지적, 인권을 예방적으로 지키며 피해자를 보호하는 제안 등은 체육계 안팎의 기득권력에 의해 지속적으로 반박되었습니다. 가해자는 처벌받아야 하지만 체육계 일부의 상황이라며 문제는 축소되었죠. 기득권력은 차별적인 사회질서에 대해 적극적으로 성찰하기 힘듭니다. 모든 위험한 권력은 스스로 혁신되지 못합니다.

기득권력을 교체하면 문제가 해결될까요? 그것도 장담할 수 없습니다. 큰 권력은 해체되기도 어렵지만 권력의 자리는 누가 차지해도 남용되기 때문입니다. 푸코의 논점을 참조하면, 그런 정치권력만을 바라볼 때가 아니며, 기존 체제에서 일상적으로 구조화된 우리의 품행 방식부터 바꾸어야 합니다.

대항적이고 대안적인 품행을 우리가 사용하는 일상적인 언어로 만들지 못하면, 정치권이든, 체육계든, 학계든, 권위주의와 반지성주의로 만연한 사회구조는 달라질 수 없습니다.

세상이 좀처럼 바뀌지 않습니다. 그렇다고 아무것도 하지 않을 순 없죠. 내 삶의 현장에서 보이고 들리는 나쁜 언어에 먼저 감수성을 가져야 합니다. 서사든 논증이든, 만화로든 그림으로든, 웅변이든 고백이든, 우리의 언어를 갈고 닦아서 그걸 반지성적이고 폭력적인 언어사회에 끼워 넣어야 합니다.

빼앗긴 금메달에 관해

나는 연구자 활동을 하면서 회색지대에서 절충적이고도 미학적인 혜안을 찾는 편입니다. 담론질서, 권력관계의 효과로 인간 주체를 비참하게 바라보았던 철학자 푸코도 일찍 죽지 않고 사랑하는 누군가와의 관계를 지속하며 더 오래 살았다면 구조의 효과로 만들어진 주체성이 아닌 자유로운 개인, 창조적인 인간성에 관해 더욱 관대하고도 풍성한 논점을 찾았을 것입니다. 나는 푸코의 후기 사유에 속하는 '자기배려' 주체성에 관한 문헌을 참 좋아합니다.

나는 세상의 질서를 이해하거나 문제를 해결하는 단서를 찾을 때 거시적이면서도 미시적으로, 왼편에서나 오른편에서, 서로 다르면서도 다양한 가치들을 조합해서 질문합니다. 예를 들면, 동계올림픽에서 억울하게 금메달을 강탈당했다는 김연아 선수의 보도기사를 볼 때도 그랬습니다. 나와 같은 국적이고 스물네 살 여성 피겨스케이터가 올림픽 금메달에 다시 도전하는데 구경꾼으로서 가슴 설레는 일이죠. 그런데 억울하게도 김연아 선수는 러시아 선수에게 편향된 판정으로 금메달을 따내지 못합니다. 화가 난 국내 미디어와 네티즌은 러시아(인)를 야비하게 금메달을 훔친 나쁜 나라로, 우리 한국(인)은 억울하게 금메달을 강탈당한 정의로운 나라로 선명하게 대립시킵니다.

'좋은' 한국과 '나쁜' 러시아의 국가 간 대결을 내내 지켜보면서 나는 마음이 불편했습니다. 기사와 댓글이 거의 파시즘 수준이었거든요. 러시아가 공정하지 못했다고 그토록 혹독하게 전쟁의 수사로 상대방을 비난할 수 있을까요? 나는 러시아의 판정단도 밉지만 국가와 민족의 이름으로 발휘되는 집단의 결의가 더 불편했습니다. 월드컵이나 올림픽과 같은 큰 경기에서는 늘 그렇습니다. 언제든지 심판이든 감독이든 선수든, 어떤 개인이 특정되고 화가 크게 난 집단의 희생양이 됩니다.

집단의 기억을 붙든 편에서는 이렇게 말하면서 화를 냅니다. "역사를 잊은 민족에게 미래가 없으며 집단의 분노는 이유가 있다." "분노를 제거하면 가해하는 집단은 칼날을 또 다른 우리에게 겨눌 수 있다." "역사적 배경으로 보면 해당 선수와 이해당사자 집단에게는 너무나 억울한 사건이며, 김연아 선수가 정치적 희생양이 된 것에 대해 국가와 민족의 이름을 걸고 함께 분노해야 한다."

글쎄요. 국제스포츠 행사는 미디어를 포함한 여러 권력주체의 이해관계, 혹은 복잡한 정치적 정세에 끼워져 있습니다. 우린 비정치적이고 그들은 정치적이란 음모론으로, 혹은 선과 악의 이항대립으로 한국과 러시아의 대결을 본질화할 순 없습니다. 스포츠 역사에서 수도 없이 등장한 개인의 차별과 편견을 외면하는 것이 아닙니다. 그걸 볼모로 둔 집단의 횡포 역시 경계하자는 것입니다. 말과 글에 재갈을 물리는 집단주의는 단일한 글만, 선명한 주장만 등장시키거든요.

국가와 민족의 이데올로기로 생성한 언어는 옳고, 나머지는 단지 주변적이고 개인적이고 미시적이고 미학적일 뿐이라고 삭제된다면, 거긴 다양한 인간들이 각기 다른 언어로 살 수 없는 곳입니다. 개인과 개성이 국가와 민족만을 위해 기능한다면 거긴 우리가 생각하는 것보다 더 무서운 곳입니다.

나는 언어와 기호가 선택되고 배치되면서 만들어지는 담론의 효과를 연구합니다. 편향적인 입장, 근본주의에 경도된 주장으로 대립하는 담론경쟁을 주목합니다. 마치 영토처럼 구분된 극단의 진영은 서로 결투하면서 한쪽이 선택되면 다른 쪽의 권리와 권력은 모두 상실된다고 보는 제로섬의 식민주의 논증을 사용합니다. 영어가 상용어로 사용되면 한글은 사라진다고 합니다. 일본을 단죄하지 않으면 우리 민족의 미래는 없다고 합니다. 이주민이 유입되면서 단일사회의 미덕이 소멸된다고 합니다. 정말 그렇게 하나가 선택되면 다른 하나는 무참히 배제되어야 할까요?

진영주의자는 대립된 이항의 진영 중 하나를 선택하고 거기서 국가의 발전, 민족의 계승, 위대한 시민의 승리 등을 거창하게 주장합니다. 양분된 진영이 아닌 제3지대를 찾거나, 성급하게 선택하지 말고 민주적 절차를 지키면서 갈라진 입장을 실용적인 해법으로 절충하자고 하면 어디 낄 곳도 없습니다.

누군가 중간에서 조정하려고 하면 왠지 모사꾼이나 싱거운 개량주의자로 보입니다. 국가의 폭력성처럼 뭔가 센 걸 두고 고발해야만 옳은 일을 하는 것 같고, 그러기 위해서는 한편의 진영에 붙어서 세게 고함을 질러야 합니다. 상대적으로 비관과 낙관을 오가는, 개인과 사회를 직조하는, 미시와 거시를 함께 조망하는, 이론과 생활을 묶어서 논술하는 절충적인 접근은 눈에 잘 들어오지 않습니다. 복잡하게 논술하면 잘 읽지도 않습니다.

나는 세상을 복잡하고도 모순적으로 보려고 합니다. 내 삶도 그랬기에 내가 세상을 바라보는 방식도 마찬가지입니다. 나는 어린 시절부터 가부장주의 질서를 습득했지만 젊은 나이에 고향과 고국을 떠나 공부했고 결혼도 일찍 하면서 새로운 문화를 학습했습니다. 모국 혹은 외국 어디서든 가정, 지역사,

교회, 학교, 직장에서 접촉하고 횡단하며 나름의 위로와 혜안을 얻었습니다. 그만큼 상처를 받고 갈등도 경험했습니다.

그런 나는 왼쪽이든 오른쪽이든, 안이든 밖이든, 중심이든 주변이든, 마음이든 몸이든, 관행이든 실천이든, 무엇 하나만 바구니에 담아둘 수 없습니다. 언어에 관한 연구를 하더라도 세상에서 배치되는 언어, 다른 언어를 배치하면서 새롭게 구성되는 세상, 다른 언어를 사용하면서 갈등하거나 화합하는 개인들을 모두 바라봅니다. 나는 모더니즘의 유토피아적 세계관을 넋 놓고 보지도 않지만 포스트모던적 힐책에 동조할 수만도 없어요. 인간의 자유의지와 욕망을 흥미롭게 지켜보지만 그것만으로 세상이 바뀐다는 낙관을 품을 수도 없죠.

문제는 어디서 시작되었나요? 해결이 어떻게 가능할까요? 우리는 고작 몇십 년 살다 죽을 뿐이며 자신의 감각이나 책으로 숙지한 지식은 늘 제한적이고 편협할 수밖에 없습니다. 그러하니 삶과 앎의 다양한 역사성을 여러 군데서 참조해야 합니다. 여러 편의 입장을 경청해야 합니다. 그럼 한쪽 편의 입장이 늘 옳을 수 없다고 깨닫습니다.

지금 사회는 나와 같은 어중간한 사람을 한편으로만 몰아붙여요. 심지어 사적인 관계까지도 둘 중 하나를 선택하라고 합니다. 당신이 소속된 곳에서는 어느 편에게든 개방적으로, 양쪽을 횡단하며 자유롭게, 의제마다 유연하면서도 협조적으로 신념과 가치를 조정하고, 신중하게 표현하고, 다시 경청하는 활동이 허락되나요?

같은 편 진영의 바깥에 있는 언어가 늘 궤변에 억측이고 망발로 보이나요? 그렇다면 당신은 이미 이항대립의 전쟁터에서 획일적인 규범으로 살고 있습니다. 차이와 다양성을 존중하거나 실용과 횡단의 가치를 수용하지 않고 있습니다. 언어의 기능은 고작 상대편을 공격하는 무기일 뿐입니다. 집단 내부의 연대를 돕고, 집단이 추앙할 우상적 교리를 만들 도구일 뿐입니다.

세상을 둘로 나눈 언어가 넘치면 세상은 둘로만 보입니다. 이항으로 모든 걸 대립시키는 언어는 전쟁언어입니다. 그런 언어사용의 관행에 비판적인 감수성을 갖지 못한다면 두 진영만의 전쟁은 고착될 것입니다. 대립의 질서에 포획된 마음을 바꾸려면 우리가 사용하는 언어부터 다르게 선택해야 합니다. 둘로만 나뉘지 않는 세상을 가르치는, 우리가 사용하는 전쟁언어를 비판적으로 점검하는 언어감수성(critical language awareness) 교육이 시작되어야 합니다.

폐쇄된 언어사회

늘 불편하거나 두려운 장면이 있습니다. 힘센 집단이 개인을 곤궁에 빠뜨리는 장면이죠. 화난 채 혹은 낄낄대며 누군가를 아프게 합니다. 수군대며 왕따를 시킵니다. 혹사시키고 기회에서 배제합니다. 난 큰 집단이 개인에게 겁주는 곳이 늘 싫었습니다. 그런 사회는 큰 집단이 제시하는 지침으로 개인이 존재 가치를 갖습니다. 그곳은 공리적 이익을 강조하면서 개인의 권리를 간섭합니다. 자유를 통제하면서도 그것을 너무나 당연하게 생각합니다.

그런 점에서 나는 조지 오웰의 《1984》를 소름까지 돋으며 고통스럽게 읽었습니다. 행복, 자유, 사랑, 그리고 언어를 왜곡하고 서로 다른 개인을 무력하게 위축시키는 집단의 광기를 끔찍하게 보여주고 있기 때문입니다. 언어의 생성과 죽음, 좀 더 구체적으로는 말과 글을 통제하며 다양한 삶의 양식과 언어사회화 과정을 억압하는 방식에 호기심을 갖는 분이라면 이 작품은 반드시 읽어야 하는 고전 중 하나입니다.

소설 《1984》에서 당(국가)은 '개인다움'을 허락하지 않으며, '새로운 언어(New Speak)' 위원회는 개인이 사용하는 언어까지 간섭하고 심지어 외국어 공부조차 통제하죠. 당은 "누구든 외국인들과 접촉하면 그들도 자신과 비슷한 인간이고, 그들에 대해 들어온 이야기 대부분이 거짓이라는 사실을 깨닫게 되고, 그 결과 그가 살고 있는 폐쇄된 사회가 붕괴되고 사기의 밑바탕이 되었던 공포, 증오, 독선이 고갈되어 버리는 것"[18]을 염려합니다.

그렇습니다. 다른 말과 글을 보고 듣고 배우고 섞으면,

다른 앎과 삶의 방식에 서로 노출됩니다. 그렇게 되면 독선적인 집단성이 유지되기 어렵죠. 개인들은 그때부터 개별적인 자유를 소망하게 될지 모릅니다.

우리의 언어사회는 어떤가요? 이곳은 어떤 언어든 자유롭게 사용하고, 차이와 다양성이 존중되는 곳 아니었던가요? 사무실, 식당, 회의장에서 침묵을 강요받았거나, 위선적인 말과 글로 살아가다 잠자리에 들고 나서야 마음이 놓였다는 《1984》의 윈스턴이 우리 중에는 없다고 생각하지 않았던가요?

불을 끄고 어둠 속에서 조용히 있을 때 텔레스크린으로부터 안전하다는 고백이 북한 사회에서나 있을 법하다고 생각했었죠? 그런데 2020년에 '민주당만 빼고' 투표하자고 칼럼을 쓴 교수와 그걸 실은 해당 신문사를 고발한 거대 여당의 기세등등함을 봤을 때 내가 뭘 잘못 생각했는지 혼란스러웠습니다.

언어는 사회를 구성하고, 사회는 언어를 구성합니다. 그런데 힘이 센 어디선가 언어를 만드는 누군가를 손본다고 알려지면 개인들은 어떻게 반응할까요? 누구든 위축되죠. 내 위에 군림하는 부적절함에 대해 저항심을 갖기 부담스럽습니다. 불편하고 부적절하다고 말하는 것도 망설여집니다. 윈스턴의 심문자인 오브라이언도 말했습니다. "개인은 유한하나 국가는 불멸"이라고.

그가 말한 국가는 사랑도, 미술도, 문학도 사라지고 아름다움과 추함의 구분도 없어지는 곳입니다. 권력을 향한 도취감,

승리감의 전율, 무력한 적을 짓밟는 쾌감을 얻으며 살아가는 전체주의 사회입니다. 이 나라가 그 정도는 아니라고 하죠. 그래도 거대 여당이 고작 신문 칼럼을 쓴 학자를 검찰에 고발했던 것을 생각해보면, 왠지 모를 서늘함을 느끼게 됩니다.

정치담화에 재갈을 물린 곳에선 무엇이 허락될까요? 윈스턴이 관찰한 《1984》의 그곳은 "이웃과의 사소한 말다툼, 맥주, 축구, 도박, 엉뚱한 곳을 겨냥하여 투정을 부리는 것"이 넘칩니다. 소란스럽지만 거긴 언어를 자유롭게 사용할 수 없는 곳입니다. 그곳은 위력적이면서 위험한 사회입니다.[9]

공공정책과 민주주의

부동산이 급등하던 시기에 거대 정당에서 오만한 말이 나왔습니다. "부동산 정책에 있어서만큼은 '여기가 북한이냐'는 말이 나올 정도로 더 확실하게 때려잡아야 한다." 그 말을 한 국회의원은 여론이 만만치 않으니까 다주택자를 "너무 적으로 규정한 점을 인정"한다며 자신의 주장을 철회했습니다. 정당은 정치집단이며 권력을 당위적으로 지향할 수 있습니다. 그렇지만 정책을 신중하게 고안하면서 국민의 정치적 행동을 민주적 절차로 형성하지 않고, 애증이 교차하는 양당의 대립구조만으로 영속시키는 건 바람직하지 못합니다.

세상을 우군과 적군의 전쟁으로 보는 권력집단은 '우리'와 '그들', '진리'와 '거짓'으로 구분된 이항대립의 세상에서 스스로를 정의의 수호자로 위치시킵니다. 자기 편끼리 똘똘 뭉쳐 세상을 둘로 쪼개는 담론장에서 국민 다수는 자유의 주체가 되기 힘들고 그저 (민생 정치로 돌봄을 받아야 하는) 보호의 대상으로 전락합니다.

정치와 정책에 선명한 정답은 없습니다. 설명하고, 경쟁하고, 다시 합의하면서 말과 글이 서로 포개지고 덧칠이 되는 것이죠. 다른 해석, 다른 주장, 다른 판결, 다른 정책을 말했다가 혼쭐이 나고 말과 글에 재갈이 물린다면 거긴 위험한 권력이 서식하는 곳입니다. 자유와 권리, 차이와 다양성의 민주적 가치가 추락하는 곳입니다.

"때려잡아야 한다"는 부동산 정책도 그렇습니다. 둘로 나뉘어 대립하는 가치의 대결이 너무 선명합니다. 다양성이 존중되는 사회라면 섣불리 가치들이 이항으로 대립되지 말아야 합니다. 이항의 다툼 정치가 선거에서 표를 모으는 최고의 통치술일지 몰라도, 소박하게 감당할 것을 감당하며 살아온 개인들은 갑자기 싸우지 않아도 될 것을 놓고 싸우게 됩니다. 예를 들면, 국가가 주도하는 증세 정책이나 부동산법 집행에 부담을 느끼고 반대를 표시하는 집단이 획일적으로 탐욕스럽게 기술될 건 없습니다. '우리'와 '그들'이 정의의 이름으로 구분되는 논리는 결국 싸우자는 말로만 들립니다.

정책이 집행될 때 공공성을 대의명분으로 삼고 성급하고 일방적으로 처리됩니다. 유연하면서도 민주적인 절차를 거치며 천천히 논의될 순 없을까요? 민주주의 가치를 붙든다면 공공정책의 지향점은 어디일까요? 옳고 정의로운 한편의 가치를 지배적으로 집행하는 것일까요? 아닙니다. 보다 다양한 개인들에게 자유, 자율, 혹은 자치권을 허락하기 위해 공공정책이 기획되는 것입니다. 관할 기관은 그걸 다수 구성원에게, 다양한 매체 위에서, 설득력 있는 텍스트로, 원래 의도했던 가치를 부각시키면서, 알기 쉽게 전하고, 다시 설득하며 전하고, 잘 안 되어도 다시 전하는 것입니다.

일방적으로 의결하고 법안부터 만들어두면 무슨 정책이든 반민주적인 절차로 시작하게 됩니다. 야당이든 다른 이해당사자든 입장이 다르고 비협조적일 수 있죠. 그래도 다양한 경로로 협상적인 대화가 시도되어야 합니다. 민주주의가 성립되려면 절차적이고도 절충적인 의미협상이 중요합니다.

그런 점에서 대단한 영웅이나 야심찬 제도에 대해 우리는 계속 질문해야 합니다. 세상 다 바꿀 것 같은 계몽과 개혁을 국가의 행정기관이나 엘리트 집단, 혹은 위대한 리더가 거침없이 진행할 때 우린 여러 질문을 해야 합니다. 일이 더디게 진행되는 토의민주주의가 사라진다면 엘리트 지배권력만이 진리의 선포자가 됩니다.

나는 국회는 아니지만 학교나 여러 단체에서 언어(교육)

정책을 만들고 수정하고 폐기하는 과정에 자주 참여했습니다. 시끌벅적 소란이 있는 건 괜찮은데, 참 아쉬운 건 문제가 생기면 그냥 한 방에 없애버리는 위력적인 의사결정입니다. 누구도 책임지지 않고 추후 논의도 없습니다. 민주적 절차 없이 그냥 골치 아프면 세상에서 도려내는 반지성적인 해결방식이죠. 국가영어능력평가시험(NEAT)만 봐도 그렇습니다. 수백억 원을 투입했는데 문제가 발생하니까, 새로운 정부가 시작되면서 절차적 논의도 충분히 거치지 않고 시험정책의 모든 것을 단번에 폐기했어요. 반지성주의, 권위주의 교육행정의 전형적인 예시입니다.

나는 권위주의 사회질서를 주목하면서, 교육개혁을 주도하는 언어평가(정책) 사업의 사회적 영향력(social impact)에 관한 연구를 하고 있습니다. 국내 사례를 해외에 알리면 좋겠다 싶어 가급적 영어로 원고를 써서 해외 학술지에 싣습니다. 해당 분야 연구자로서 기득권력의 정치 논리, 권위주의, 반지성적 통치기술로부터 교육사회를 보다 민주적으로 전환하자는 제안을 하고 있습니다.

절차적 민주주의는 모두를 불편하게 하지만 서로 다른 의견들이 경합할 수 있는 담론장을 허락합니다. 마음에 들지 않는 사람, 냉소적인 미디어, 반대를 주장하는 단체를 계속 배제하면 결국 일방적인 입장, 듣고 싶은 텍스트만 남습니다. 거긴 민주주의도 없고 다원적 가치의 협상도 없고 공공성의 온전한 집행도 없습니다. 독립성이 보장된 다양한 목소리가 드러나지 못하고 비판만 하면 싹이 잘리는 곳을 경계하세요. 거기엔 지식과 담론을 사유화하려는 정치권력이 있습니다.

마스크 1

코로나 19 팬데믹의 공포로 우리 모두 무력하기만 할 때 마스크는 한동안 '안전'을 지시하는 지배적인 기표로 기능했습니다. 마스크를 사려고 추운 겨울에 긴 줄로 대기하고 한꺼번에 다량으로 구매하는 손님도 많아서 1인당 판매 수량이 제한되기도 했습니다. 정부는 마스크 미착용자에게 법적인 제재를 가하는 정책을 집행했습니다.

 마스크를 쓰지 않으면 안전하지 않다는 상식이 만들어지면서 마스크 미착용자에 대한 '묻지마 혐오'가 커졌습니다. 2022년 수원고등법원 안에 있는 우체국에서 한 고객이 경비원에게 제압당한 사건이 있었습니다. 고객은 (마스크 착용으로 호흡이 곤란하다면 마스크 착용의 의무에서 예외가 된다는) 질병청의 규정에 따라 마스크를 착용하지 않았다고 설명했습니다. 그러나 경비원에게 팔과 손목을 제압당하고 우체국에서 강제로 끌려 나갔습니다. 혐오와 폭력이 방조되는 마스크라면 이제 (과학이 아니라) 주술의 의미가 부여된 것입니다.

지하철과 같은 공공장소에서도 종종 '마스크' 착용을 놓고 싸움이 붙었습니다. 마스크를 (제대로) 쓰지 않는 시민을 누군가 타이르거나 비난하고 마스크 미착용자도 화를 내고 반박을 합니다. 싸움이 붙은 여러 영상을 보았지만 그들은 굳이 싸우지 않아도 되었습니다. 그곳은 대개 사람이 붐비지 않기도 했고 서로 불편하다면 다른 자리로 피할 여유가 있었습니다. 멀리 앉아 있는 누군가에게 굳이 큰 소리로 야유를 합니다. 마스크를 쓰지 않은 사람은 그럴 만한 이유가 있었겠지만, 그때만이라도 마스크를 다시 쓰거나 구두로 양해를 구하거나 또는 자리를 피하면 될 일이었습니다. 안타깝게도 고성이 오가며 싸움은 커집니다. 누군가 그걸 영상에 담아서 세상에 알리고 대중은 댓글로 몰염치한 마스크 미착용자를 비난합니다.

서글펐습니다. 바이러스 감염이 위험하다는 공공담론은 촘촘하게 우리 삶의 모든 지경을 에워쌌고, 우린 일방적인 위기와 위험의 공표에 꼼짝도 하지 못했습니다. 팬데믹의 공포와 함께 경제적 활동까지 위축되면서 타인에 대한 관용은 사라졌습니다. 어쩌면 우리는 겁도 나고 화도 이미 잔뜩 나 있어서 마스크 미착용자를 파르마코스(희생양)로 삼아 정죄해야만 했을지 모릅니다. 마치 재앙의 원인을 떨쳐버리려는 제의처럼 말입니다.

나는 목소리가 아주 큰 누군가가 다른 누군가에게 정의의 이름으로 고함을 지르고 비난하며 공개적으로 처벌하는 모든 행위에 불편함을 느낍니다. 팬데믹 시대가 내게 너무나 위협적이었던 이유는 누군가를 언제든지 공개적으로 야유하고 벌을 줄 수 있기 때문이었습니다. 안전과 보호의 명분이라도 그건 겁나는 상황이었습니다.

어느 뉴스를 보니까 프로야구 선수가 코로나에 감염되었다면서 이름이 즉시 공개되었습니다. 원룸 옥상에서 고기를 구워 먹었다는 구체적인 정보가 곧장 나왔고 공개적인 비난이 시작되었습니다. 그렇게 방역의 이름으로 국가나 미디어가 개인의 삶에 마음대로 개입하는 권위주의 풍토가 창궐했습니다. 자신과 타인의 몸을 지키며 생물학적 존재로만 살 것을 국가가 쉼 없이 미디어를 통해, 어쩌면 미디어가 국가를 통해, 우리에게 가르쳤습니다.

그런 논법에 익숙해지면서 우리는 지하철역과 같은 일상적 공간에서 마스크를 반드시 착용하는 윤리적 덕목을 지켰습니다. 만약 누군가 마스크를 제대로 쓰지 않는다면 그걸 두고 비난하고 교정하느라 신경이 곤두섰습니다. 그러나 개인이 마땅히 지켜야 할 공중도덕에만 전념하게 되면 그만큼 공적으로 논쟁할 수 있는 정치적 논의가 사라지게 됩니다. 생물학적 안전만 다루는 만큼 사회정치적 실존은 사라집니다.

윤리의 규범만 넘칠 뿐 사회정치적 논의가 사라진다면 예후가 좋지 않습니다. 민생의 문제는 정치인에게 맡기고, 안전은 국가에 맡기고, 개인은 단지 윤리적 주체로만 살아야 할까요?

다수 시민이 지시를 따르고 예의를 지키며 각자 생업에 충실할 뿐 통치구조에 관한 정치적 의견과 주장을 충분히 나누지 못한다면 거긴 자유와 민주주의가 보장되는 곳일까요?

내 연구 분야를 예시로 부연해보겠습니다. 시험 한 방에 선발되거나 탈락되는 고부담 의사결정의 교육정책은 늘 국가기관이나 전문가 집단이 주도합니다. 학부모는 그런 논의에 개입할 수도 없고 의견을 전하기도 어렵습니다. 부모가 할 수 있는 일은 단지 어느 집 애가 부도덕하게 컨닝을 했다고 학교나 교육청에 고발하는 것입니다. 그럼 다른 부모는 모두가 몰래 속이며 공부하는데 그깟 컨닝이 뭐가 큰 문제냐고 따집니다. 학생은 꼭 봐야 하는 시험의 수험료가 너무 비싸다고 투덜댑니다. 또는 수험료 환불을 처리하는 담당자가 불친절하다고 담당 기관에 항의합니다. 영어교사라면 문법을 평가하는 문항이 줄었다거나 말하기 시험의 채점을 다르게 해야 한다고 의견을 냅니다. 늘 그런 수준에서만 티격태격합니다.

그런 경고와 비난이 윤리적 차원에서만 차고 넘치는 곳에선 새롭게 가르치거나 다른 방식으로 평가해야 하는 사회정치적 논의가 그만큼 사라집니다. 개인의 자유와 권리를 가르치는 언어교육? 민주주의를 위한 비판적 언어감수성 교육? 그런 건 이웃이나 동료와 다투기 급급한 그들에게 관심도 없는 사안입니다.

나는 팬데믹 시대가 참 힘들었습니다. 정작 화를 내야 할 것에 화내지 못하고 '마스크'를 쓰지 않은 고만고만한 우리 중에 일부를 가려내어 얼굴을 공개하고, 심지어 그걸 현장범으로 경찰이 구속까지 할 수 있는 세상이었기 때문입니다.

르네 마그리트 작품인 '연인들(The Lovers II)'을 보면 (마스크는 아니지만) 얼굴을 회색 천으로 덮어쓴 두 사람이 키스합니다. 회색 천이 얼굴을 꽉 조이도록 덮고 있기에 뺨이 서로 밀착되며 애정을 표시하는 모습이 충분히 노출됩니다. 단조롭게 채색된 사적인 공간에서 언뜻 보기에 그들은 서로 사랑하는 것 같습니다. 그러나 내가 보기엔 오히려 얼굴을 그렇게 맞대고 키스를 하는 시간이 길어질수록 그들은 질식할 것만 같습니다. 나는 팬데믹 시대에 우리가 꼭 그런 모습으로 살았다고 생각합니다. '거리두기'란 이름의 방역 지침과 달리 우리는 '안전의 이름으로' 개인의 서로 다른 삶을 촘촘한 거리에서 간섭했습니다. 얼굴을 덮은 천 때문에 키스도 아닌 키스에 전념한 연인처럼 우리는 권위주의 통치라는 회색 천에 가려진 채 누군가의 품행에 신경질적인 관심을 가진 것이죠.

마스크 2

페이스북 타임라인에 지하철에서 찍힌 또 다른 마스크 전쟁이 등장했습니다. 팬데믹의 공포가 극심했을 때인데, 70대로 보이는 남성과 20대로 보이는 여성이 "18년아" "18놈아" 쌍욕을 주고받습니다. 곧이어 비슷한 내용의 게시물이 또 올라옵니다. 역시 나이가 지긋한 남성이 마스크를 턱 밑으로 내리고 스마트폰을 보고 있는데 30대로 보이는 남성이 그를 비난합니다. 술도 마셨는지 삿대질을 하며 크게 고함을 지릅니다. 영상 아래 댓글이 달립니다. 마스크를 쓰지 않은 남성은 "나이 헛처먹은" "지긋지긋한 노친네"가 되네요. 고성을 지르며 혐오 남성을 공개적으로 저격한 20대 여성은 영웅이 됩니다.

나도 타인의 안전에 무심한 채 마스크를 쓰지 않은 사람들이 참 싫었습니다. 나는 내게 허락된 안전한 공간을 침범하는 모든 무례함이 싫어요. 나는 친절한 이웃, 예의를 갖춘 동료를 좋아합니다. 길거리에서 걸으면서 담배를 피우고 침을 뱉는 청년, 나이가 어려 보이면 일단 반말로 응대하는 아저씨, 식당에서 어린 자녀가 소리를 지르며 뛰어다녀도 방치하는 젊은 엄마, 제품의 결함에 관해 예의를 갖추고 질문하는데 짜증스럽게 응대하는 직원, 그런 사람들은 나도 싫습니다. 팬데믹 시대에 마스크 미착용자가 옆자리에 앉았다면 난 즉각 다른 곳으로 자리를 옮겼을 것입니다.

그렇지만 그런 건 모두 윤리에 관한 문제입니다. 예의, 인성, 성품, 배려, 관용의 문제입니다. 윤리는 정치가 아닙니다. 윤리의 과잉으로 사회정치적 논의가 사라지는 상황이 발생한다면, 우리 삶의 중요한 가치인 자유가 구조적으로 제한됩니다.

윤리적 규범만으로는 자유로운 사회에 도달할 수 없죠. 윤리적 실천으로 서로를 타박하는 일상에 전념하면 사회정치적 의제를 다루지 못합니다. 예를 들면, 서로 다른 삶의 방식을 배제하거나 차별하는 권위주의 관행에 선명하게 이의를 제기하지 못합니다. 그런 정치적 논의는 나와 아무런 상관도 없는 일처럼 느껴집니다.

마스크는 어떤가요? 마스크의 문제는 정치인가요, 윤리인가요? "18년"과 "18놈"이 지하철에서 왜 그리 싸우고 있는가요? 그때는 마스크를 쓰지 않는 사람을 정죄하는 것은 너무나 당연한 상식이었습니다. 마스크를 잘 쓰는 건 개인에게 요구된 올바른 행동으로 시작되었지만 이내 팬데믹 사회를 지키는 보편적 규범이 되었습니다. 그리고 마스크의 윤리가 떠들썩할수록 팬데믹 시대의 정치를 다루는 담론장은 사라졌습니다. 마스크를 쓰지 않는 인간들에 대한 정죄가 커질수록 우리들은 탈정치화되었습니다. 참 역설적입니다.

윤리적 삶은 좋은 삶입니다. 그러나 우리는 윤리적 규범만으로 자유에 관해 충분히 논의할 수 없습니다. 상식과 비판을 사회구조적으로 토론할 공론장도 필요합니다. 오웰의 《1984》를 보면 생물학적으로 안전한 삶을 살아가는 주체는 정치적 담론에 재갈이 물려 있습니다. 혹시라도 다시 팬데믹이 찾아온다면 우린 윤리적 분투에 결박되지만 말고 보다 정치적인 주체성을 발휘할 필요가 있습니다.

"

(5)

온전하게 사랑하기 위해서

나르시시즘에 대하여

다시 사랑을 시작한 것 축하해요. 요즘 식으로 말하면 "대박 사건!"

그 사람을 믿고 다가가고 교제를 시작한 게 쉽지 않았을 것 같아요. 나르시시스트가 넘치는 세상이잖아요. 나만이 인생의 중심이 되고 타자는 눈에 들어오지도 않고 누구든 따뜻하게 품기 망설여지는 때인데 큰 용기를 냈네요.

자신의 그림자로만 세상을 살면 백전백패일 수밖에 없을 텐데 사랑하는 사람끼리 위로하고 돕기로 선택한 것, 너무 보기 좋아요. 언젠가 다시 상처를 받을 수 있겠죠. 헤어질 수도 있겠죠. 그래도 다시 사랑을 시작한 건 멋진 선택입니다. 누구를 사랑하지 않고 함께 일하지 않고서는 우린 나르시시즘의 주체에서 벗어날 수 없습니다.

평일에 붐비는 강의실 복도에서 이를 닦으며 유유히 화장실로 걸어가는 학생이나 직원이 있어요. 그런 사람의 심리상태가 참 궁금했죠. 어제는 꽤 넓은 헬스클럽에서 운동을 하다가 칫솔을 입에 물고 지나가는 정체불명의 회원, 혹은 직원을 바라보면서 나름 재미나게 추론했어요. '저건 그냥 즉흥적인 행위가 아니다. '나르시시즘 자아'를 보여주는 의도된 행동이다.' 한가롭게 인터뷰라도 하면서 그들을 붙잡고 연구할 수는 없지만 내 짐작이 그럴싸하지 않나요? 이를 닦는 자신의 모습을 사랑하지 않고서 어떻게 칫솔질을 해대며 복도를 걸어 다닐 수 있을까요?

아마도 부담스러운 타자의 시선은 배제하겠죠. 혼자서 자유롭고 해방된 느낌을 선택하고 저렇게 걸어 다니며 이를 닦는 겁니다. 어쩌면 신자유주의 시대가 만든 상품적인 자아와도 관련성이 클 것 같아요. 인스타그램에 '오운완(오늘 운동 완료)' 인증샷을 찍어서 매일 올리거나 자신의 일상을 유튜브에서 실시간으로 보여주는 사람들도 유사한 심리겠죠? 그들은 보고 싶은 것만 봅니다. 전시하고 구경하는 것에 익숙하니까요. 일종의 강박적 자아이기도 해요.

자기애의 상징(적 기호)을 의도하지 않는다고 하더라도 그들은 이 닦는 자신의 이미지를 선택하며 나르시시즘 자아에 빠진 것입니다. 그 순간을 온전히 즐기겠죠. 그렇지만 다른 한편으로 보면 그건 자아를 혐오하는 순간이기도 합니다. 가만 보면 예쁘게 이를 닦으며 걸어가다가도 갑자기 인상을 확 구기며 이를 북북북 문질러요. 자기애와 자기혐오는 동일한 의미구조 안에 있습니다.

나르시시스트는 타인보다 본인이 우월하다고 생각하죠. 공감능력은 부족하면서 자기애 때문인지 수치심이나 죄의식을 갖지 않는 경우가 많습니다. 사이코패스, 사디즘 등의 심리적 상태와 비교했을 때 나르시시즘은 큰 문제가 아닌 것처럼 보이기도 해요. 나르시시즘 자아도 권력 지향성이 있고 내면이나 주변 상황을 과장하는데 그게 위협적으로 드러나지 않아서 그런 것 같습니다. 누구나 그러한 속성이 있다는 식으로 미디어는 긍정적인 성격으로 재현하기도 합니다.

우리 모두 나르시시즘 자아의 조각을 가지고 있죠. 그렇다고 누구나 왕자병, 공주병에 빠져서 살지 않습니다. 나르시시즘 자아를 인정하지 않고 자신을 긍정적으로만 바라보는 피드백을 선택하면 나르시시스트는 심각한 문제를 만나게 됩니다. 자신이 늘 주인공이 되는 인간관계는 없거든요. 허영심이 먼저 드러납니다. 주위 사람들은 반감을 갖게 되죠.

함께 일하는 리더가 자기애 과잉이라도 곤란합니다. 매일 함께 일해야 하니까요. 나르시시스트 사장 혹은 팀장은 자신이 관리하는 구성원 다수의 잘난 점을 인정하지 않아요. 수단을 가리지 않고 자기중심적 관계성을 유지합니다. 함께 일하는 다수는 대개 큰 상처를 받곤 하죠.

나르시시스트가 긍정성과 창의성을 발휘한다고 낙관하면 안 됩니다. 특히 주변의 견제가 없고 관계성에 관한 성찰이 없는 사람은 파괴적이고 해악적인 인물이 됩니다. 그래서 나르시시스트를 피하는 것이 제일 좋지만, 그래도 만나야 하는 상황이라면 둘이서만 자꾸 만나지 마세요. 아무리 똑똑한 사람이라도 나르시시스트의 포로로 살아갈 수 있어요.

나르시시스트는 현실을 회피하고 자신의 페르소나를 자꾸 드러냅니다. 일종의 성격장애입니다. 근사하게 보이는 사회적 풍조를 자기 방식으로 내면화합니다. 그게 평소 모습과 다르기도 해서, 나르시시스트의 자기애는 자기부정이나 자기혐오의 감정과 공존합니다. 그런 이중적 자아가 긴 세월 동안 유지되면 모순적인 자의식에 대해 질문을 못 합니다. 도덕심, 신뢰, 공감, 양심, 비판 등이 중요하다고 생각하지도 못합니다. 오로지 자신의 페르소나를 강화할 수 있는 무언가 혹은 누군가에만 집착합니다. 연애 상대로는 최악의 캐릭터입니다.

듣고 싶은 말만 듣는 사람, 의사결정에 일관성이 없는 사람, 토론이나 상호비판을 통해 문제를 함께 해결하거나 새로운 방향으로 합의할 수 없는 사람, 자신을 드러내기 위해 상황과 내면을 과장하거나 왜곡하는 거짓말쟁이나 욕심쟁이, 이런 나르시시스트가 많으면 자유와 상호권리가 존중되는 '열린 사회'도 없습니다. 나르시시스트가 넘치면 위계화된 권위주의

사회가 됩니다. 차이를 인정하지 못하고, 독선과 권위의식만 쌓이는 곳입니다. 서로 온전하게 사랑하지도 못합니다.

복도에서 타인의 시선에 개의치 않고 이를 닦는 수준이 아니라 중증 나르시시스트가 정치인, 사업가, 공무원으로 일한다고 생각해보세요. 심각한 범법 상황도 발생할 수 있습니다. 나르시시스트는 문제를 객관적으로 바라보고 해결하지 못합니다.

그래서 권력자의 귀를 즐겁게 해주는 간신배는 내면이 연약한 나르시시스트 리더 옆에 붙어 있습니다. 달콤한 말로 나르시시스트를 현혹해온 간신배가 자신의 이익만 채운다면 그나마 다행이죠. 현실을 온전하게 분별하지 못하는 나르시시스트 리더는 결국 불법과 탈법의 유혹에도 넘어가요. 자신의 나르시시스트적 내면을 지킬 수 있다면 어떤 거절도 하지 못하는 단계에서는 더욱 그렇죠. 마치 중독자가 극단적 상황에서 마약이나 알코올을 구할 수 있다면 무엇이든 감수하는 것과 같습니다.

인간이 붙들고 있는 자아란 것이 참 모순적이고 연약합니다. 사랑의 감정 역시 모순적이면서도 약해 빠졌어요. 알랭 드 보통이 그랬던가요. '사랑은 침대 시트 같다.' 네 귀퉁이가 절대 반듯하게 펴지지 않으니까요. 한편에서 아무리 깔끔하게 시트를 잘 정돈해도 반대편 귀퉁이에서 어딘가 삐뚤어집니다. 거기로 가서 다시 정성을 다해 펴두면 이번엔 다시 다른 편

시트가 구겨집니다. 노력을 해도 좀처럼 달라지지 않습니다.

다시 한번 새롭게 시작한 사랑, 진심으로 축하합니다. 나중에라도 사랑의 이름으로 이상에 도달하지 못할 때 느끼는 실망감에 관해 진지하게 생각해 보세요. 완벽에 대한 집착, 자신에 대한 한없는 애정에 관해서 말입니다. 당신이 사랑하는 그는 못되기만 한 인간도 아니고 초월적 절대자도 아닙니다. 그저 나만큼 또 당신만큼 연약하고 모순적인 자아로 살아갈 뿐입니다.

싸이와 김장훈: 사랑과 미움

연애를 하면 상대를 향한 감정이 참 모순적이에요. 좋지만 밉고, 싫지만 보고 싶죠. 디케이소울 노래 〈아픈데 밉지가 않아〉 가사에 그런 구절이 있습니다. "다 괜찮아 사랑하니까. 사랑은 사랑은 너무 아프다. 아픈데 아픈데 밉지가 않아. 이 미움마저 소중한 내 사랑이란 걸 가슴이 아니까 그런가 봐." 이건 연애를 하지 않으면 도무지 알 수 없는 복합적인 감정 상태입니다.

친구 사이도 그렇습니다. 예전에 싸이가 〈강남 스타일〉로 전 세계적인 인기를 끌고 있던 시기에 친형처럼 따르던 가수 김장훈과 사이가 나빠졌다는 소문이 있었어요. 사건의 진위를 두고 양측 간의 공방이 계속될 때, 김장훈은 싸이의 공연장을 찾아가서 미안하다고 사과했습니다. 둘은 그 자리에서 함께 소주잔을 들어 러브샷을 했다고 합니다.

그때 사람들이 그랬어요. "둘이 서로 밉다고 으르렁대더니 어느 모습이 진심이냐?" 내가 보기엔 '싫다' 혹은 '좋다'는 내면의 목소리에 민감하게 반응하는 김장훈은 솔직한 삶을 사는 사람이었어요. 잘나가는 동생을 찾아가서 미안하다며 러브샷을 청하긴 쉽지 않거든요.

사랑과 미움은 사실 대립된 감정이 아니죠. 사랑한다고 마음먹으면 미움을 다 제거할 수 있을까요? 좋아하는 사람이 문을 쾅 닫고 나가면 밉죠. 그러나 사랑하니까 미운 것이죠. 미운 만큼 사랑도 깊어지죠. 서로 영향을 주고받으며 동시에 존재하는 양가감정입니다.

철학자 한스게오르크 가다머는 '건강하다'란 건 질병과 대립하는 것이 아니라, 질병과 더불어 '불편하지 않게' 살아가는 상태라고 했어요. 개인마다 편차가 있으나, 질병을 통해 건강이 드러나는 것이죠. 그러니 다 알 수도 없는 질병을 제거하는 데에만 몰두하지 말고 보듬고 가는 것도 중요합니다. 표준적인 측정치로는 문제가 없어도 내가 아프면 아픈 것이죠. 겉으로는 아파도 내적으로는 평안을 지키며 살 수도 있고요. 우리는 일관적이지 못한 내 안의 모순과 변화에 나름의 의미를 부여하며, 계속 벌어지는 틈새와 타협하며 살아야 해요. 그래야만 극단의 대립과 표리부동의 허식에서 벗어날 수 있습니다.

우리 모두 여전히 불안과 위험의 시대를 살고 있어요. 거기서 사랑을 하는 것이죠. 살아가고 사랑하는 우리 자아는 복잡하고, 모순적이고, 가변적인 상태일 수밖에 없어요. 그럼에도 정신상태가 분열되지 않았다면 그건 자신의 역량 덕분만이 아니라, 그저 행운의 삶을 살고 있는 것입니다.

물론 우린 열심히 살았죠. 열심히 사랑하고 있죠. 그러나 역설적이게도 그럴수록 고통이 크게 느껴져요. 그런 이유 때문에 마땅한 혜안은 없지만 우선 자신의 모순적이고 불안정한 정체성을 인정해야 합니다. 그걸 직면할 용기를 가져야 합니다. 연애의 주체로서도 마찬가지입니다. 사랑하니까 밉다고, 미운 만큼 사랑한다고 말하면, 그래도 서로가 보듬게 될 틈을 보여주는 셈이죠.

"내가 좋아, 싫어? 어떡할지 지금 선택해."

이런 양자택일은 너무 살벌해요. 좋기도 하지만 부담도 되죠. 우리 누구든 찌르거나 찔리는 고슴도치의 사랑을 하지 않을 수 없다고 봐요. 애매하죠. 그래도 사랑은 멋진 경험입니다. 인격을 존중하고 타자성에 호기심을 갖는 시간, 다시 편집되는 기억과 기대, 크게 함께 웃으며 못난 자아도 보듬는 관계성, 그런 걸 마음껏 경험하는 것이죠.

사랑하는 사람과 함께 있는 시공간에서는 거창하거나, 대립하거나, 경직된 언어가 선택되지 않으면 좋겠어요. 유머와 함께 감각적이고 멋스러운 말과 글이 넘실대면 좋겠어요. 러브 레터 써본 적 있나요? 시를 읽은 적은 있나요? 연애소설은 유치하다고 사보지도 않았지요? 이참에 편지도 써보고 남들 연애사도 한번 보세요. 모순적이고 불안정한 삶이잖아요. 지적이고 논증적인 말과 글로만 버틸 수 없죠. 자신을 표현하고 타자를 수용할 수 있는 낭만적인 언어를 배울 절호의 기회입니다.[10]

사랑은 낭만이 아니라 기술

우리가 소비하는 사랑에 관한 대중 콘텐츠는 달달하고 낭만적인 서사로 구성되어 있어요. 연애를 다룬 로맨스 영화를 한번 보세요. 사랑의 시작(만남)이 있고 서로 키스를 하고 절절한 눈빛으로 사랑한다고 말합니다. 그러다가 갈등하고 눈물을 흘리고 아파하지만 결국 사랑을 고백하고 결혼이라도 약속하면서 연애 사건은 종결됩니다.

그렇지만 미디어에 등장하는 연애 서사는 대개 만나고 갈등을 겪고 사랑하거나 헤어지는 직선적이고도 협소한 의미체계로 구성되어 있습니다. 이런 연애문법에 익숙해지면 우리가 현실적으로 경험하는 사랑이 너무 밋밋하거나 불완전하게 보일 수 있습니다.

차라리 통속적인 연애 스토리와 다른 알랭 드 보통의 소설 《낭만적 연애와 그 후의 일상》을 한번 보세요. 사랑하는 남녀의 감정과 일상을 그나마 다면적으로 보여줍니다. 이전에 그가 만든 연애소설 《왜 나는 너를 사랑하는가》, 《우리는 사랑일까》, 《키스 앤 텔》 모두 단순한 플롯과 캐릭터였지만 그래도 나는 모두 재밌게 읽었습니다. 네 번째 연애소설로 나온 것이 바로 《낭만적 연애와 그 후의 일상》인데, 이건 좀 복잡한 연애문법으로 읽어야 합니다.

간단하게 내용을 요약하면 다음과 같습니다. 몸서리치도록 사랑하는 것이 너무나도 권태로운 결혼 16년 차 남편이자 아빠인 주인공 라비가 등장하죠. 라비와 아내 커스틴은 뜨겁게 사랑하고 결혼했지만, 둘다 상처를 받고 성인이 된 것이니 갈등과 위기를 겪을 수밖에 없었어요. 연애 스토리는 서로를 발견하는 장면, 이끌림, 감정의 변화, 성적 매력에 집중합니다. 그러나 연애의 기쁨은 금방 지나가고, 그들은 결혼을 하고 나서 싸우고, 서로 이해하고, 인내하고, 다시 싸우고, 양보하고, 타협해야만 하는 고통스러운 과정을 겪습니다. 사랑은 낭만이나 열정이 아닙니다. 사랑은 이제 '기술'이 됩니다. 소설의 영어 제목도 이런 내용을 반영하듯이 'The Course of Love'입니다.

라비와 커스틴이 첫눈에 반한 서로의 모습은 각자 내면에

순진하고도 이상적으로 구축한 관념일 수 있습니다. 그걸로는 사랑하는 둘만의 관계성을 계속 유지하기 어렵습니다. 운명적으로 만난 배우자와 언제나 뜨겁게 사랑하고 평생 소울메이트로 살았다는 연애사는 대개 뻥이라고 보면 됩니다. 우리 모두 사랑에 관한 한 불완전하고 미숙한 주체입니다. 살다 보면 여러 일을 겪게 되고, 계속 사랑하려면 늘 현재적 맥락에서 이전과 다른 의미화 작업이 필요합니다.

그런 점에서 우리 모두 분투하는 사랑의 주체가 되어야 한다는 철학자 지그문트 바우만과 그의 연인 알렉산드라 야신스카 카니아의 인터뷰 기사가 참 좋았어요. 누군가를 당당하고도 오랫동안 사랑할 마음이라면 한번 읽어볼 것을 권합니다. 《경향신문》에 실린 〈'유동하는 근대' 지그문트 바우만〉이라는 기사입니다.

당시 89세였던 바우만은 헤어지고 상처받는 것이 두려워 사랑을 포기하고 고립과 고독의 감정을 선택하는 세대에게, 우리 모두 사랑의 객체(대상)이면서 주체이기에 사랑을 하면서 갈등을 피할 수 없다고 말해요. 그러나 또 한편으로는 사랑할 수 있어서 함께 살아가는 지혜와 행복을 느낄 수 있다고 위로합니다.

MBTI 유형이나 성격에 상관 없이 당신이 사랑하는 대상은 온순하지만 않습니다. 당신이 사랑하는 그는 장난감이나 인형도 아니고, 영화 속의 배우도 아니잖아요. 당신의 눈으로 발견되는 것, 당신의 기억으로 편집되는 것과도 달라요. 그는 당신의 경험, 기억, 기대, 의지, 감정에 사로잡힌 방식과 전혀 다른 사랑의 주체일 수 있어요.

주체와 객체의 관계가 뒤섞인 복잡한 구도에서 서로 계속 싸우는 것이 어쩌면 당연합니다. 주체의 삶을 살아야 하는 둘이 서로를 매일 쳐다보며 실망하는 것도 당연합니다. 그렇게 아파하고 좌절하면서 결국 헤어질 것인지, 아니면 서로에게 무언가 배울 수 있음을 지혜롭게 인정하고 계속 만날지, 그걸 결정하는 것은 사랑의 주체인 우리 자신입니다.

그걸 두고 알랭 드 보통은 '기술'이라고 말한 것이고, 바우만은 '노동'이라고 말한 것입니다. 사랑을 선택하는 것, 사랑하는 사람과 함께 시간을 보내는 것이 낭만적이지만은 않죠. 지루하기도 하고 힘들기도 합니다. 그렇지만 멋진 경험이죠. 바우만과 카니아는 각각 이렇게 말했습니다.

> "러시아 속담이 있어요. '늑대가 두렵다면, 결코 숲에 가지 못한다.' 만약 당신이 사랑의 복잡성을 두렵다고 여긴다면, 결코 사랑에 빠질 일은 없는 거죠. 당신이 사랑을 한다면, 그럼 늑대 소굴까지 가게 되거든요. 그리고 그 소굴에는 아름다운 숲이 펼쳐져 있답니다. 이는 당신 선택이에요."

"갈등이 많아도 상대방이 없는 그런 재난보다는 낫다는 결론에 도달할 때, 좋든 싫든 그와 함께 할 겁니다. 그러기 위해서는 엄청난 노력, 수많은 항복, 수없는 타협, 그리고 꽤 많은 요구를 내려놓아야만 하죠. 인생은 편하지 않습니다. 현대의 이데올로기, 현대의 슬로건은 '세상은 매우 불편하고 사람 살기에 적합하지 않으니, 우리는 이를 편안하고 편리하게 만들어 낼 것이다'라고 합니다. 이는 신화예요. 설화, 거짓 술책, 관념주의자들의 재잘거림이죠."[11]

사랑이 낭만적인 감정과 관념에 불과한 것이 아니라 '기술'이기도 하고 '노동'이라는 주장은 내가 연구하는 언어능력에 관한 논술에도 잘 적용됩니다. 학계에서 나온 자료만 봐도 아직 언어능력은 축적된 지식, 정신활동, 인지적 작용으로 이해되고 있습니다. 상대적으로 언어에 관한 행위성, 관계성, 사회적 실천, 변증법적 상호작용, 권력의 속성은 여전히 충분하게 논의되지 못하고 있습니다. 그러나 언어는 머릿속에서 작동하는 기능이나 관념으로만 숙지되면 안 됩니다. 우리는 언어를 사용하며 매일 어떤 삶이든 실천해야 합니다. 삶도, 언어도, 사회적 실천도 모두 모순적이고 양가적이지만 그런 이유로 그만큼 역동적일 수 있습니다.

《낭만적 연애와 그 후의 일상》과 같은 서사에도 온전하지 못한 주체들이 살아가면서 모순적이지만 역동적인 사랑을 실천하며 버티는 일상이 묘사된 셈입니다. 로맨스를 '기술'이나 '노동'으로 묘사하면 삭막하긴 하겠지만, 호들갑을 떠는 낭만적인 연애사에 관한 비판적 언어감수성도 필요한 때입니다.

소유와 존재

사랑할 때 제일 힘든 건 무엇인가요? 나는 서로의 다름을 인정하는 것이라고 봐요. 쉬운 것 같지만 그렇지 않습니다. 사랑하면 나와 동일화하거나 내 방식으로 소유하고 싶거든요. 그는 내 것이 될 수 없는데 자꾸 내 방식으로 갖고 싶어요. 갖게 되면 그 사람의 실존은 내 그림자로 가려지죠. 그럼 그의 존재성은 왜곡됩니다. 서로 사랑하고 사랑받을 매력도 잃게 하고요. 삐걱대고 싸우기만 하죠.

내가 가정에서 이걸 두고 분투한 얘기를 하나만 할게요. 내게는 잘생긴 아들이 있습니다. 그가 언젠가 독립을 하고 둥지를 떠나겠죠. 그래서 '참 착한' 아들이 난생 처음 문을 쾅 닫고 자기 방에 들어갈 때 아빠로서는 당황스럽지만, 아니, 화도 좀 나려고 하지만, 어찌 보면 그건 (아들 입장에서 보자면) 부모라는 심리적 둥지를 떠나는 위대한 출발인 셈이죠.

내 아들이 처음 그랬을 때 난 박수를 치며 아내에게 파티를 제안했어야 했어요. 이렇게 아들에게 말을 걸 수도 있었죠. "어쭈, 너 이제 리틀 보이가 아니던데…. 이제 기분 괜찮아?" 이렇게 말할 수 있다면 정말 쿨한 아빠 아닐까요?

예전에 스타 강사가 이런 말을 한 적이 있어요. 인생을 살면서 두 번의 위기를 겪는데 한번은 우리가 십대일 때이고, 또 다른 한 번은 십대 자녀를 둘 때라고. 그땐 그 말에 공감도 했던 것 같은데 그 말의 논점을 지금 생각해보면 그분은 자녀에 관한 일종의 소유의식이랄까, 책임감이 대단했던 분 같아요.

> "넌 대체 왜 그러니? 내가 널 위해 얼마나 애쓰고 있는데…. 내가 널 잘못 키웠나 보다."

뭐 이런 논리가 가득 찬 느낌이랄까요. 어느 자녀든 그런 말을 들으면 자책감, 화, 의무감 등으로 부정적인 자아가 내면화될 수 있죠.

자녀만 그런가요? '그토록 착하고 예쁜' 여자친구, 혹은 아내도 남자친구나 남편의 그늘에서 벗어납니다. 독립이 선언되면 새로운 권력관계가 만들어집니다. 나는 가부장적 질서를 중시하는 가문에서 장손이란 신분으로 성장했어요. 남성, 남편, 아빠, 교수라는 정체성에 허락된 위계적 질서에 익숙합니다. 그나마 서울로 상경하여 공부하고, 또 결혼하자마자 미국에서 살면서 차이와 다양성의 가치를 학교 안팎에서 학습하고, 피지배와 억압에 관한 감수성을 가질 수 있었죠. 감사하게도 나는 내 안의 꼰대 정체성을 일찍 알아챌 수 있었습니다.

결혼을 하면서 만들어진 남편-아내, 부모-자녀 관계에서 나는 늘 중심이거나 우월한 위치를 가졌어요. 가장의 역할은 귀하죠. 그러나 그게 편하지만 않았어요. 다른 누군가를 책임지며 부담을 안고, 그로 인해서 의무감이나 자책감을 부정적으로 갖게 되는 역순환도 경험했어요.

그런 점에서 보면 우리 가정 구성원 모두가 한동안 흩어져 지낸 시간은 서로를 다시 바라볼 귀한 기회였습니다. 아내가 미국에서 공부를 뒤늦게 시작했을 때, 우리는 서로의 빈자리를 체험했고 각자 자립해 자율적으로 사는 방식을 연습해야 했었죠. 내가 박사이고 교수라도 그건 직장에서 수행하는 내 역할일 뿐입니다. 아내가 없을 때 나는 삶의 여러 공간에서 위기와 궁핍을 겪었습니다.

아내나 자녀는 각자 자신만의 삶을 개척했습니다. 물론 내가 더 좋다고 생각하는 걸 전하기도 하지만, 그들은 이미 나름의 풍성한 일상과 행복한 내면을 소유했어요. 오히려 가부장적 질서에 익숙하고, 타인의 시선에서 자유롭지 못한 내가 그들로부터 배울 점이 많았습니다.

우린 서로 다르다는 것을 인정하기 시작했습니다. 내가 남성-남편-아빠의 기준으로 가정 구성원을 순응시키면 각자의 개성과 경험은 제대로 드러날 수가 없거든요. 아내와 나는 서로에게 의존을 강요하기보다 각자 먼저 행복하기를 기대하고 배려하게 되었어요.

서로에게 무심해 보일 수도 있지만 전혀 그렇지 않았습니다. 각자가 자신을 먼저 신뢰할 수 있도록 애쓸 때 자아존중감도 높아졌습니다. 배우자가 자신의 삶을 살 수 있도록 거리를 좀 두면 생활은 불편할 수 있습니다. 그러나 서로를 지켜보고 존중하는 만큼 우리는 안전한 느낌을 더 가질 수 있었습니다.

한동안 미술을 공부한 아내가 전시회에서 상을 받을지 모른다고 해서 차를 타고 몇 시간을 함께 다녀온 적이 있었어요. 늘 그렇듯이 조그만 자동차 공간 안에서는 솔직한 감정이 드러나곤 하는데 내가 그때 한 말이 아직도 생각납니다.

> "집안은 어수선했지만, 그래도 지난 몇 년 동안 보여준 당신의 모습이 가장… 뭐랄까 자기다웠던 것 같아. 상을 받고 안 받고, 어느 대학에서 학위를 받고 안 받고, 그런 건 당신에게도 그렇겠지만 내게도 중요하지 않아. 자신의 삶에 힘쓰는 모습이… 그냥 보기 좋아."

난 아마 아내의 정신적인 자립에 대해 말했던 것 같습니다. 미래를 위해 자신을 희생한다는 자책감 없이 순간마다 행복하게 살아가는 의연한 삶의 태도에 대해 언급했던 것 같아요. 그때 아내는 여성-아시아인-비원어민 학생으로 자신이 해보고 싶었던 것에 전념했습니다. 돌멩이, 철사, 종이, 진흙을

깎고 만지며 새로운 형상을 만들고 그림을 그립니다. 그러다가 차분하게 쉬면서 클래식 음악을 듣고 고전도 읽습니다. 아내는 그렇게 자신만의 시간을 소박하게 가졌어요. "하나님이 주신 이처럼 아름다운 세상에서 아이와 같은 마음으로 뛰어놀고 싶다"라고 문득 내게 한 말이 감동적이었죠. 성숙하게 자기실현의 일상을 살고 있다는 생각이 들었습니다.

나는 청년일 때부터 해외 체류가 빈번해 어디서도 안정적으로 소속되지 못한 이방인의 신분에 익숙해져야 했습니다. 유학생으로도 지냈고, 단기 체류 연구자로도 살아야 했습니다. 불안정한 생활에 심리적인 피로감을 호소했고 주위 사람들은 나를 위로했습니다. 그러나 그런 순간의 점을 선으로 길게 그어보면 나름 소망이 가득한 멋진 서사였어요. 곤혹스러운 만큼 더 나은 삶을 기대하고 기도했었죠.

마치 독한 예방주사를 맞을 때처럼 아팠지만 덕분에 아내와 나는 삶의 풍파에 좀 더 의연해졌습니다. 우리는 재정이나 관계에서 여전히 결핍을 느끼곤 하지만, 내면에 숨어 있던 자책의 언어는 사라졌어요. 의존하는 것만으로는 서로를 온전하게 연합시키지 못한다는 것도 깨달았죠. 우리는 서로의 자립적 공간을 인정합니다. "너가 나한테 어쩌면 이럴 수가 있어…." 우리는 상대방을 자책하게 하는 그런 말을 하지 않습니다.

각자 돌보고 서로 배려하는 삶을 살 때 차별하고 배제하는 언어에 감수성을 가져야 합니다. 희생과 복종을 요구하는 언어에 민감해야 합니다. 자신만이 정의롭고, 더 많이 배웠고, 정황을 제대로 판단하는 듯해도 그렇지 않아요. 관계성의 실재는 중층적이고 복잡합니다. 얼마든지 다르게 해석될 수 있죠. 한편의 시선만 옳을 수 없어요.

TV 광고에서 제품이나 서비스가 제시되기 전에 광고 주인공이 주변 사람의 시선을 의식하며 창피해하는 장면이 자주 나옵니다. 다른 누군가를 부러워하는 장면도 자주 나옵니다. 타인의 시선은 이처럼 자신이 가진 돈으로 제품과 서비스를 구매할 때 중요한 동기로 기능합니다. 그건 타인의 시선으로 일상의 행복을 저울질하는 관행입니다.

아들이 문을 쾅 닫고 방에 들어갈 수 있죠. 아내는 좀 더 자신만의 시간을 주도적으로 가질 수 있죠. 여전히 나는 그들을 사랑합니다. 그들을 바라보며 내가 감당할 만한 것을 기쁘게 돕습니다. 그러나 내가 가진 모든 걸 줄 수는 없어요. 그들이 이해할 수 없는 내 삶의 여정도 있으니 말입니다. 가끔 함께 기도하고 협력할 것을 제안하죠. 그들이 수긍하고 함께 시간을 보내줄 수 있다면 너무 기쁘겠지만 그렇지 못하다고 해서 불편하거나 화날 건 없어요.

남편은 아내의 주인이 아니죠. 자녀는 부모의 소유가 아닙니다. 시간이 지나면 그들에게 문을 열어줄 다른 이들이 있음을 믿자고 늘 다짐해야죠. 내 가치와 그들의 가치를 동일화하지 말자고 다짐합니다. 더 중요한 건 관용이고 우정이고 사랑이고 연합입니다.

서로 자립하고 성장하며 사랑을 느끼고 느슨하게 결속되는 것은 의무, 자책, 희생을 교환하면서 서로에게 집착하고 의존하는 것보다 더 낫습니다. 직장에서도 마찬가지입니다. 동료와 우정을 나누고, 학생을 가르치고, 함께 일하고 살아가면서 각자의 개성과 자유를 더 많이 허락하고 싶습니다. 누구든 소유하거나 통제하지 않을 것입니다.

사랑을 꿈꾸는 이유

사랑한다는 것이 별 의미가 없다고 생각한 적도 있었습니다. 사랑의 감정은 그저 파편적이고 순간적으로 보였죠. 변덕과 배반으로 가득 채워진 사랑의 서사는 속 빈 강정처럼 보였어요.

> '그게 뭐가 대단하다고 마법에 홀린 듯이 특별하고도 거창한 메타포를 배치하는지…. 사랑해서 행복하다고?'

나는 차라리 아주 큰 사랑, 변하지 않는 것, 보이지 않지만 초월적인 것으로 만족감을 찾기도 했어요. 생태주의 언어학으로 연구논문을 준비하면서 '존재'와 '소유'에 관한 철학적 논점을 공부한 적이 있어요. 그때도 그랬어요. 소유보다 존재를 우월한 가치로 주목했죠. 생태적인 환경에서 개별적이고 고유한 존재성에 특별한 관심을 두었습니다.

다양한 실존들의 공존과 균형의 가치를 존중하는 편이지만, 심판관의 초자아가 강했던 때라서 그런지 나는 '존재'라는 가치에 유난히 집착했던 것 같아요. 상대적으로 소유에 관한 논점은 제대로 읽지 않았죠. 그걸 굳이 우월이나 열등의 이항대립으로 설정할 필요도 없는데 말이죠.

지금은 몸이든 마음이든, 소유든 존재든, 감정이든 이성이든, 미시든 거시든, 안이든 바깥이든, 텍스트든 콘텍스트든, 주체성이든 사회구조든 모두 귀한 것으로, 그리고 함께 상호작용하는 변증법적인 관계로 이해하는 편입니다. 추상적으로 존재하는 자아만큼이나 우리가 일상에서 구체적으로 기억하고 욕망하고 체험하는 감각이나 의례도 폄하될 수 없다고 봐요.

따뜻한 봄날이나 눈부신 하늘을 품은 가을날이 눈앞에 확 펼쳐질 때 누가 세상에서 제일 행복할까요? 거창한 세상을 꿈꾸며 연구실에서 자신의 이론을 집필하고 있는 사회공학자일까요? 아니죠. 그토록 멋진 가을날에 사랑하는 누군가를 자기 옆에 딱 붙여 둔 사람이죠. 그들은 손을 잡고 포옹하고 키스를 나누며 흩날리는 눈앞의 경관을 함께 보며 깔깔댑니다.

사랑하는 그들은 서로에게 말하고 듣고 보고 만지고 느끼며 모든 감각을 동원해 기쁨을 교환하고 확인합니다. 예쁜 구슬을 호주머니 깊은 곳에 넣어둔 채 그걸 만지작대는 꼬마는 그것만으로도 자꾸 웃음이 납니다. 우리가 존재를 성찰하는 것만큼이나 감정과 취향, 감각과 의례, 소유의 기쁨도 순간마다 만끽하면 좋겠습니다.

나는 비판적 담론연구를 하면서 언어의 속성을 사회정치적 실천과 관행으로 바라보는 시선을 가지고 있어요. 응용언어학 연구자로서 언어로 차별하고 배제하는 구조화된 사회질서를 탐구합니다. 그러나 그와 같은 연구에 관념적으로만 전념할 뿐 내가 눈에 보이고 들리고 만질 수 있는 사랑(의 의례)에 무지하고 무례해진다면, 나는 그때 무엇으로 살아가는 사람이 될까요? 사회학자인 앤서니 기든스가 그렇게 말했어요. 생활의 정치가 바뀌어야 삶이 바뀐다고. 맞습니다. 해방주의 논증만으로는 우리 삶이 체감될 만큼 달라지지 않습니다.

인지과학 문헌에서 읽은 기억이 나는데, 인간은 사랑하는 경험을 작은 서사로 전하고 편집하고 나누지 않고서는 온전하게 존재할 수 없는 유전자를 가졌다고 합니다. 그런 문헌을 읽으면 사랑에 전념하는, 또는 그것으로 기쁘고 만족하는 삶을 꾸리는 연인들은 결코 거창하기만 한 혁명의 구호에 선동되지 않을 것 같아요.

내가 지금 고만고만한 사랑의 경험과 경관을 지나치게 낭만화하고 있는 건가요? 그렇다고 합시다. 나는 어깨에 힘이 잔뜩 들어간 집단의 의식화 작업, 혁명의 이념, 이항적 대립과 해방주의 수사만으로는 세상이 좀처럼 달라지지 않을 것이라 생각하니까요.

그보다는 일상에서 기억하고 기대하는 사랑과, 사랑하는 만큼 달라지는 점진적 삶의 변화에 더 관심이 가니까요. 만나고 사랑하고 노래하는 것에 절대적인 의미를 부여할 수 없지만 사랑은 우릴 자꾸만 꿈꾸고 설레게 합니다. 누군가를 사랑하고 사랑받는 감정은 또 다른 보폭으로, 혹은 새로운 방향으로 우리를 움직이게 하죠. 삶의 양식에 관해 엉뚱하지만 멋진 생각을 품게도 합니다.

사랑하는 그와 작지만 소중한 이야기를 만드는 것도 멋진 삶입니다. '소박한 삶'에 관심이 많은 나는 절충주의자, 개량주의자의 태도를 버리고 싶지 않아요. 틈만 나면 사랑 타령을 하는 나는 결코 혁명가가 될 수 없습니다. 좌든 우든 극단에서 큰소리로 구호를 외치는 사람들은 쉽사리 이해하지 못하겠지만요.

사랑의 계절이 또 옵니다. 멋진 날엔 사랑하는 사람을 만나야죠.

03

버티는 삶, ——— 언어의 힘

> 언어와 기호를 선택하고 배치하는 기술은 권위주의 질서에서 버틸 수 있는 자기배려의 자원입니다. 이전과 다르게 사용하는 언어와 기호는 자신과 타자를 배려하고 다른 삶을 살아갈 수 있도록 돕는 자원입니다.

"

(6)
―――――――――――
랭스코퍼로 버티기

싱어송라이터로 살아가기

한낮에 시작된 99년 만의 개기일식을 미국 남부의 아주 조그만 호텔에서 본 적이 있어요. 그때 딸이 추천한 이석원 밴드의 노래를 듣고 있었습니다. 그가 직접 쓴 책도 함께 보면서 말입니다. 앨범에 수록된 곡들을 모두 들은 뒤의 느낌은 그냥 '별것 아니네'였어요. 또 이런 생각도 들었죠.

> '어쩌면 이건 우리 모두에게 익숙했던 속도나 힘의 리듬이 아닐 뿐이다.'

음악인 이석원이 2008년에 낸 5집 앨범 타이틀은 〈가장 보통의 존재〉인데 이름과 다르게 그걸로 한국대중음악상 대상(올해의 앨범)을 받았습니다. 밴드라고 하지만 밋밋한 기타 소리만 들렸고 노래라지만 마치 어젯밤에 쓴 일기를 낭독하고 있다는 인상을 받았어요. 그만의 노랫말과 다를 바 없는 느낌의 첫 산문집《보통의 존재》는 다음 해에 발간되었죠. 글인 듯한 말, 노래를 하지만 글로 전하는 느낌. 느릿하고 촌스럽지만 올곧은 '방향' 혹은 자신만의 고유한 '의미'가 밴드의 리듬에 실렸다고 할까요?

어찌 보면 나도 이석원 밴드처럼 말과 글을 여러 매체에서 옮기며 내 이야기를 전하는 '싱어송라이팅 인생'을 선택한 것만 같았어요. 나는 화려한 삶을 쫓지 않습니다. 그보다는 내 삶의 여러 단면에서 감수성을 높이고 저만의 학술 활동을 통해 존귀한 실존으로 지내려고 합니다. 연구자로서 좋은 환경은 아니었지만 지금까지 싱어송라이팅 인생으로 버티며 지냈습니다. 내 인생의 궤적이 앞으로도 그렇게 그려지기를 바라는데 딸이 왠지 그런 내 마음을 알고 이석원 앨범과 책을 건넨 것도 같았습니다.

'작지만 크게, 창피해도 나만의 고유한 삶을 살거야.' 그런 생각을 하다가 조그만 침대에서 뒹굴며 쨍한 하늘을 내내 바라보다가 나는 딴딴한 결심을 하나 했습니다.

> '난 책을 쓸 거야. 내 이름의 책으로 내 기억을 지키고 존귀한 삶을 살거야.'

책을 읽기만 할 때 난 좋아하는 작가들이 참 많았습니다. 예를 들면, 뒤늦게 작가가 되려 했다는 박경리 선생님의 이야기를 듣고 마음이 설레었습니다. "알아? 이 재봉틀 믿고 원주로 왔어. 이 재봉틀 믿고 《토지》를 시작했지…. 실패하면 이걸로 삯바느질을 한다." 2008년 5월 소설가 공지영이 《한겨레신문》에 기고한 '박경리 선생 영전에'에 나오는 말입니다.

사실 나는 그걸 흉내 내면서 살고 있는지도 모르겠어요. 난 생계도 책임져야 하고 다른 할 일도 많아요. 그렇지만 소박한 라이프스타일을 선택하고, 텍스트의 힘만 믿고 연구활동과 글쓰기만 하며 지내려고 합니다.

2004년 9월 마산 MBC 대담에 박경리 선생님이 이렇게 말했다고 해요. "초등학교 때부터 굉장히 수줍음이 많고 항상 남의 뒷전에 서 있는 성질인데 서점에 가서는 그게 없어요. 쫓겨나도록 붙어 서서 읽는 거예요. 여학교 시절에 도스토옙스키의 《죄와 벌》을 읽으려고 제가 결석했어요. 갑자기 배가 아프다고 엄살 피우고. 그 책 보려고요. 하루만 빌린 책 세 권을 다 보려고 밤을 새우고 나니깐 아침에 눈이 핏빛이에요."

이걸 읽을 때 정말 눈물이 날 뻔했어요. 이렇게 말해주는 분이 어딘가 계셔서 감격했다고 할까요. 내 모습이 떠오르면서 나만 책 바보가 아닌 걸 알았죠. 1994년 10월 《토지》 완간 기념 소감으로는 또 이런 말을 하셨습니다. "제 삶이 평탄했다면 글을 쓰지 않았을 것입니다." 선생님과 비교도 할 수 없지만, 나도 이제 읽지만은 않으려고 합니다. 글을 쓸 시간은 늘 부족합니다. 역량도 부족합니다. 그래도 내 감정과 기억, 서사와 논증을 글로 옮기지 않고는 견딜 수 없는 순간이 너무 많았습니다. 나는 학술논문을 쓸 때도 나란 사람의 정체성을 애써 드러냈습니다.

하루키의 《직업으로서의 소설가》 1장을 보면 소설가가 서사로 자신의 의식과 경험을 치환하여 표현하는 지루한 일상이 잘 묘사되어 있어요. 일의 속도가 느리기만 한 것이 아니라 중층적이고 복합적인 패러프레이즈의 연속이니 효율성은 떨어질 수밖에 없습니다. 결국 그의 표현대로라면 물고기와 비슷한 모습입니다. 앞으로 늘 나아가야만 하는 물고기처럼 글을 쓰며 삶을 직면하고 그렇게 해야만 살아갈 수 있는 것이죠.

> "소설가는 어떤 종류의 물고기와 같습니다. 물속에서 항상 저 앞을 향해 나아가지 않고서는 죽고 마는 것입니다."[12]

시간을 아껴 성실하게 공부한 덕분에, 그리고 글을 쓰는 삶의 양식을 폄하하거나 방해하는 사람들과 거리를 둔 덕분에 박사를 마칠 때나 테뉴어 교수직을 받을 때와는 비교도 할 수 없을 만큼 내 삶의 지경은 자유롭고도 넓어졌습니다.

마치 하루키가 자신의 의식을 자신의 책에 에둘러 성실하게 옮긴 것처럼 나 역시 살아온 것을, 믿고 있는 것을, 여러 유형의 글쓰기로 치환시킨 셈입니다. 선행문헌이 많이 인용된 논증을 주로 다루는 편이지만 내게는 그게 소설이나 연애편지, 일기와도 같은 글쓰기인 셈이죠.

대학에서 월급 받으며 연구하는 교수가 자신이 만든 문헌이 세상에서 얼마나 읽히냐고 빈정대고 투덜댑니다. 그리고 이미 세상의 비밀을 다 아는 것처럼 말로만 때웁니다. 그건 게으른 학자가 자신의 태만을 변호하는 핑계이고 교만일 뿐입니다. 혹은 나도 대충 할 테니 너도 그러라는 일종의 '공범 만들기' 전략입니다.

직관적으로 다 아는 논리라도 연구자료로 검증하고 다시 확인할 수 있습니다. 경험적으로 다 아는 얘기라도 새롭게 해석하고 서술할 수 있습니다. 그러다가 상식이 반박되거나 새로운 지식사회가 기획될 수 있는 것이죠. 그게 학자나 연구자 직업을 가진 사람들이 평생 하는 일입니다. 공공/대중담론으로 확장이 안 되더라도, 학자는 자신이 서 있는 자리에서 담론장에 적극적으로 참여해야 합니다. 본인이 제대로 못하면 좋은 글을 겸손하게 인용이라도 해야 합니다.

지도학생들이 농담처럼 내게 '생계형 교수'라고 하더군요. 맞습니다. 난 생계 걱정 없이 학술 활동에만 전념하기 쉽지 않았어요. 학교 안팎에서 어려운 일도 겪었죠. 그럴수록 현재성에 집중하면서 내게 맞는 옷으로 갈아입고, 글만이라도 성실하게 남기는 연구자 정체성을 지키려고 노력했습니다. 그런 점에서 내가 만든 글에 따뜻한 관심과 응원을 해주신 독자들에게 늘 감사합니다. 내 글을 출처로 인용하고 추천하는 동료 연구자들도 감사합니다.

음악 산업에서도 싱어송라이터로 살아간다는 것이 녹록지 않겠죠. 자립적인 학자로 글을 쓰며 사는 인생도 마찬가지입니다. 그래서 나는 힘들 때마다 마음에 품는 역할 모델이 많았습니다. 예를 들면, 변호사이면서 교수로 활동하는 김두식 선생님과 같은 분이 있습니다. 법조계와 교회가 인간의 권리를 어떻게 봐야 하는지 따뜻하면서도 엄중한 글을 썼죠. 병역거부, 소수자 인권, 사법 현실에 관해 누구나 쉽게 읽을 수 있는 교양서를 썼습니다. 진솔한 인품이 글로부터 느껴졌습니다.

써보지 않은 건 다 그럴싸하게 들린다는 말이 있어요. 복도에서, 식당에서, 술집에서, 말로는 모든 것이 쉬워 보이죠. 입심 좋은 사람들의 말을 듣고 있으면 문제는 언제나 간단하고 쉽게 해결될 사안입니다. 그들이 가장 자신만만할 때는 한 손에 맥주잔을 들고 취해 있을 때입니다. 그들은 모든 답을 알고 무엇이든 단언할 준비가 되어 있습니다.

최인호 작가는 암 진단을 받고서도 "환자가 아닌 작가로 죽고 싶다"며 글쓰기를 중단하지 않았습니다. 유고집 《눈물》을 보면 고통 중에도 원고지를 채워 나간 간결하고도 강직한 삶이 드러납니다. 작가의 정체성을 귀하게 붙들고 살았던 그는 후배 작가들이 집필자의 소임을 방치하고 술집이나 정치판에서 세월을 소모한다고 혼을 냈습니다. 글이나 쓰는 작가가 별

것 아니라고 빈정대는 사람도 많았을 것입니다. 작가도 정치적 힘이 있어야 한다는 얘기도 들었을 것입니다. 그렇지만 그는 올곧게 글을 쓰는 작가로서의 인생에 전념한 듯합니다.

공중에만 떠다니는 말은 믿을 수 없습니다. 말로는 엄정하게 약속할 수 없어요. 말은 온전하게 서술과 논증을 제공하지도 못합니다. 모든 기획과 변화는, 거짓 정보의 방지는, 쌍방 간 온전한 합의는, 꾹 눌러 쓰고 어딘가 저장한 텍스트로 시작됩니다. 내가 만드는 텍스트를 보듬고 다시 고쳐가며 나는 싱어송라이터 인생을 살 것입니다.

소설로 버티기

팬데믹 시대가 깊어질 때 혼자서 보내는 시간이 많았습니다. 답답할 때마다 나는 눈에 밟히는 소설을 읽곤 했습니다. 꼭 전염의 공포가 아니더라도 홀로 버티어야 할 때는 대중 서사의 인물과 상황에 나를 대입하면서 시간을 흘려 보냅니다.

에세이에 몰입하긴 쉽지 않습니다. 감상적이거나 주관적인 논평, 공감할 수 없는 삶의 요소만 나열될 때 특히 그렇습니다. 예를 들어 《무라카미 하루키 잡문집》 같은 에세이를 읽는데 너무 지루했어요. 어쩌다가 다음과 같은 근사한 논점을 발견하기도 하지만요.

> "내가 소설을 쓰는 이유를 요약하자면 (…) 우리 영혼이 시스템에 얽매여 멸시당하지 않도록 늘 빛을 비추고 경종을 울리자, 이것이 바로 이야기의 역할입니다. (…) 개개인의 영혼이 더할 나위 없는 소중함을 명확히 밝혀내기 위해 끊임없이 노력하는 것. 그것이 바로 소설가의 일입니다."[13]

소설이나 영화 서사가 몰입도 잘 되고, 엉뚱한 지점에서 혜안을 얻을 수 있습니다. "뱃머리에 서서 물때를 읽어내는 노련한 어부"의 심정을 하루키의 소설 《1Q84》에서 보는데, 구름이 잔뜩 낀 날이면 난해한 소설도 그럭저럭 읽힙니다. 하루키의 소설을 좋아하진 않지만 소설 속 누군가 내게 말을 걸고 있는 느낌은 좋았죠. "이보게, 이제 시작하세. 뭘 망설이는가?" 이런 대사에서는 문득 멈추게 되고, 어떤 영감을 받아요. 캐릭터나 플롯에 크게 연연하지 않을 땐 이런 구절 하나만으로 익숙한 기억을 다시 해석하고, 다가올 일에 기대감도 갖게 되죠.

모든 걸 중단하고 휴식이 필요할 땐 잘 가는 카페 창가에 앉아 몇 시간이고 소설을 읽곤 합니다. 예를 들면 상실감에 마음 아파하던 어느 봄날에, 우연히 손에 든 소설 《행복한 사람들은 책을 읽으며 커피를 마신다》에 몰입하면서 회복을 느낀 적이 있습니다. 주인공 디안느가 사랑하는 가족을 잃고 아일랜드의 바닷가 마을에서 자발적 유배 생활을 시작하는 얘기입니다. 영리하게 혀를 놀리며 상대방의 취약한 감정을 이기적으로 이용하려는 사람에게 그녀는 다시 상처받습니다. 배반을 당하고 버림받는 것이 두렵습니다. 이제는 홀로서기를 다짐할 때입니다. 이만큼 읽으면 플롯의 흐름은 더 중요하지도 않습니다. 디안느란 캐릭터만 보게 됩니다. 나도 상실과 배반을 겪으며 그녀처럼 그럭저럭 버티며 살아갔을 때였거든요. 끝까지 읽기 힘들어서 바깥을 쳐다보며 커피를 자꾸 마셨습니다.

《노인과 바다》는 10년에 한 번씩 다시 읽는 것 같아요. 삶의 무게가 10년 정도 축적되면 이 책은 다시 손에 잡힙니다. 신기하게도 매번 눈에 밟히는 장면이 달라요. 최근에는 산티아고 어부가 이틀 밤낮에 걸친 싸움을 끝내고 집으로 돌아온 대목이 눈에 들어왔어요. 어부는 침상에 누워 다시 사자 꿈을 꿉니다. 늙고 지친 어부의 모습에 마음이 먹먹해집니다. 두려움과 냉소를 감당하며 홀로 분투하는 지금 우리의 삶과 무엇이 다를까요.

《위대한 개츠비》도 두어 번 본 것 같아요. 영화로도 두어 번 봤네요. 요즘 같은 때에 생각나는 장면은 이런 것입니다. 닉은 개츠비와 여섯 번쯤 대화를 나누곤 별로 나눌 얘기가 없다는 것을 알고 실망했어요. 그를 그저 "그 동네의 호화로운 여관집 주인"처럼 여긴 대목이 있습니다.

이걸 보면 자신의 힘을 드러내고 싶어 안달인, 혹은 자기

구역에서 통용되지 않는 가치에 대해선 폭력적인, 내가 그동안 경험한 골목대장들이 떠올라요. 오로지 그들만의 능동적인 노력만으로 뭔가 대단한 일을 성사시켰다고 생각하는 얄팍한 성공 스토리와 함께 말입니다. 그런데 개츠비의 삶을 모두 알게 된 닉은 마지막에 이렇게 말하죠.

> "너는 그 빌어먹을 인간들 다 합친 것보다 더 가치 있는 인간이야."[14]

이 구절에서 나는 콧잔등이 얼얼하기도 했습니다. 나는 개츠비의 삶이 그렇게 대단한 가치가 있다고 생각하진 않습니다. 개츠비의 꿈에 의미를 부여할 수도 있겠지만 그것보다는 그렇게 말해준 닉의 찬사가, 또 그걸 듣고 미소를 지으며 고개를 끄덕인 개츠비의 모습이 왠지 짠하잖아요. 아마도 버티며 살아가는 삶의 가치가 복잡하면서도 모순적이란 생각 때문에 그런 것 같아요.

100년 전에 등장했던 그들이 내 삶의 공간에서도 숨쉬고 있어요. 노년에 다시 읽을 《위대한 개츠비》는 또 어떨까요? 《노인과 바다》와 마찬가지로 《위대한 개츠비》에는 비극적이지만 긍정적인 역설의 서사가 있어요. 팬데믹 시대에 낙관과 비관을 오가며 겨우 버틴 우리 삶의 서사처럼 말이죠. 내가 영문과 학생일 때 수업에서 배운 소설들인데, 긴 세월을 지나서도 내게 위로와 혜안을 줍니다. '살아가자. 모순을 안고 역동적으로, 그러나 겸손하게….' 그런 생각이 듭니다.

《위대한 개츠비》에서는 청년기를 지난 데이지의 허영이나 개츠비의 맹목성을 봅니다. 《노인과 바다》에서는 노년의 무력하고도 지루한 일상, 그러나 꿈을 포기할 수 없는 강박도 보이죠. 그런 것과는 전혀 다른 질감인 어린 시절의 기억이 《호밀밭의 파수꾼》으로 다시 떠오릅니다. 《위대한 개츠비》에서 청장년의 내 모습을, 《노인과 바다》에서 다가올 노년을 보았다면 《호밀밭의 파수꾼》에서는 어린 주인공 홀든 콜필드로부터 어린 시절의 순수함에 대한 집착을 보게 되죠.

젊든 늙든, 소유와 성취가 어떤 규모이든, 어디서 어떤 삶을 살아가든 우리 모두는 여전히 어리숙합니다. 슬프지만 성장도 합니다. 그러나 성취라고 생각했지만 엇나간 궤적이었고 괜찮다고 호언했는데 다시 실수하죠. 누구든 결국 아프고 실패하고 잊히고 내리막을 향하는 인생일 수밖에 없죠.

파울로 코엘료나 알랭 드 보통이 쓴 소설도 좋아합니다. 간결하면서도 느긋한 글이지만 아마도 시도 때도 없이 등장하는 '에피퍼니' 덕분에 좋아하는 것 같습니다. 그에 반해 더글라스 케네디가 쓴 베스트셀러 《빅 픽처》 같은 소설은 인과가 너무 치밀해서 (마치 학술논문을 읽는 느낌이라서) 처음 읽을 때만 흥미진진하고 다시 보지 않아요. 느슨한 서사, 풍부한 감정과 일상 경관을 잘 묘사한 디테일, 그러다 느닷없는 깨달음을 주는 코엘료의 글이 더 좋아요. 아무튼 소설을 도끼눈으로 바라보며 밥벌이 하지 않아서 다행입니다. 문학 서사가 앞으로도 내게 귀한 쉼이고 낭만 가득한 사치였으면 좋겠습니다.

다만 마음이 너무 힘들 땐 국내 소설을 읽지 않는 것도 좋아요. 시공간이 너무 낯익고 캐릭터는 우리가 잘 아는 사람, 아니 바로 나인 것만 같아서 너무 마음 아프게 서사에 몰입될 수 있습니다. 특히 나와 비슷한 시대를 살아온 작가의 소설은 아픈 기억을 자꾸만 환기시킵니다.

소설은 아니지만 2005년 개정판으로 출간된 《반 고흐, 영혼의 편지》에 실린 편지글을 좋아하세요? 그걸 좋아한다면 우린 무조건 친구입니다. 누군가는 고흐를 괴팍한 천재, 삶으로부터 도피한 광인, 혹은 비관적이고 반사회적인 인물로 조롱하겠죠. 그러나 감수성이 예민하거나, 기득권력의 시선에서 자유롭고 싶거나, 삶의 다양성에 애정을 갖는 분이라면 고흐의 편지는 다르게 읽힐 겁니다. 편지글에 나타난 고흐의 열정, 희망의 언어, 성실함과 신실함, 소박하고 단조로운 일상, 사람과 자연을 향한 따뜻한 애정이 보이세요? 고흐의 고독과 열의로부터 나는 큰 위로를 받았습니다.

소설이든 편지든 누군가의 치밀한 서사는 우리가 붙든 욕망과 세상의 질서를 일면 투명하게 보여줍니다. 그걸 읽고 지금 시대의 문제점을 해결할 사회공학적인 비법이 떠오르진 않습니다. 다만 성난 시대에 나도 미친 소처럼 질주하고 있다는 생각은 할 수 있습니다. 상처인 줄 몰랐던 것이 상처인 줄도 알게 됩니다. 그런 깨달음은 학술문헌으로는 쉽게 얻을 수 없는 것이죠.

드라마로 버티기

팬데믹 기간 동안 집에 있는 시간이 길어지면서 TV 드라마도 자주 보았습니다. 2020년에는 〈멜로가 체질〉, 〈초콜릿〉, 〈검사내전〉, 〈이태원 클라쓰〉 이런 드라마를 작정하고 봤습니다. 지면으로 구성된 서사에 비해 영상은 아무래도 재현의 한계가 있기 때문에 아쉬운 점도 많았습니다.

드라마 〈초콜릿〉은 내 식견으로는 최악이었습니다. 그림엽서에나 나올 지중해 마을에서 현지 촬영한 분량이 많았고, 하지원과 윤계상이란 배우로 외과의사와 셰프 직업이 등장했지만 몰입이 힘들었습니다. 진부한 장면이 많았습니다.

반면에 기대하지 않았던 드라마 〈멜로가 체질〉은 최고였습니다. 명장면도 많아서 매주 본방사수를 놓치지 않았습니다. 대사 분량이 엄청 많았는데 (그래서 시청률이 1-2% 수준이었을까요?) 그게 산만하다고 생각되지 않았고 모든 캐릭터의 생애사에 몰입되었습니다. 캐릭터 각자의 삶은 복잡하고 모순적이었지만 그런 이유만으로 그들의 삶은 애달프고 끈질기고 심지어 역동적으로 보이기도 했어요. 그들은 서로에게 말을 걸고 나는 그들을 지켜보며, 위로를 함께 나누었습니다. 그들이 비루하지만은 않았어요. 결국 희망의 감정마저 채워졌습니다.

드라마 〈이태원 클라쓰〉는 처음 볼 땐 허접한 느낌이었지만 갈수록 좋았습니다. 무엇보다 캐릭터들이 매력적이었어요. 몰입을 방해하는 건 아버지의 원수를 복수하는 '새로이'와 자식을 버린 비정한 아버지 '장가'의 대립 구도였죠. 핏줄과 혈통에 대한 집착이 너무 과장된 느낌이었습니다. 그것만이 캐릭터들이 살아가는 동력으로 기술된다면 너무 궁핍한 실존 아닌가요? 선명한 원인과 결과, 그걸로 갈등에서 해결로 치닫는 선형적인 서사 구도는 TV극의 관행이긴 하겠지만 왠지 아쉬웠어요. 동료애가 부각되거나, 이태원 공간의 경관 혹은 다양성의 가치에 큰 비중을 두었다면 설레는 장면이 더 많았을 것입니다.

나는 〈스타워즈〉 영화 시리즈의 찐팬인데, 지금까지 모든 에피소드를 보았습니다. 아끼는 장면들이 많지만 그중에서도 인간, 로보트, 외계인, 동물, 알 수 없는 (반인반수) 조합의 생명체들이 한자리에 모여서 농담도 하면서 서로 존중하며 회의하는 장면을 참 좋아합니다. 인간, 백인, 중년, 남성 관점으로는 상상도 할 수 없는 다원체의 모습이죠. 예전에 조한혜정 교수님이 이태원 문화가 편향적으로 의미화되었다고 지적하면서 새로운 시선이나 문화운동이 필요하다고 쓴 글이 생각납니다. 〈이태원 클라쓰〉 드라마에 이태원 공간에서 나올 법한 보다 다양한 캐릭터들이 발굴되었다면 어땠을까요? 원작자가 허락했을지 어땠을지는 모르지만요.

시간과 공간의 이동, 핵심 인물과 사건의 등장, 원인과 결과, 감정의 묘사. 그걸 작가가 편집하고 재구성하면서 드라마 서사가 조직됩니다. 만들어진 작품이 단지 픽션이라는 건 우리 모두가 잘 알죠. 우린 만들어진 서사의 장면처럼 살지 않아요. TV극의 주인공처럼 폼이 나지도 않죠. 그렇지만 몸이 아플 때 감기약을 먹고 쉬어야 하는 것처럼, 서사는 마음이 아파서 쉬는 우리에게 감기약과 같은 기능을 합니다. 서사에 취해 잠도 자고 꿈도 꾸고 그렇게 회복하고 다시 시작하는 과정이 누구에게나 필요합니다. '어떻게 살 것인가'라는 실존의 질문은 극화된 서사에서도 찾을 수 있습니다. 서사는 우리에게 정보가 아니라 영감과 용기를 줍니다.

서사가 단지 허구이고 가짜일 뿐이라면 뭐가 진짜일까요? 진짜는 너무 복잡해서 아무도 모릅니다. 앞으로도 정확하게 알기 어렵습니다. 어쩌면 긴 세월을 버티어온, 혹은 사람들이 지금 열광하고 있는 서사를 구경꾼처럼 바라볼 때 복잡하고 모순적인 인생을 새롭고도 지혜롭게 바라볼 수 있어요.

다만 이건 염두에 둬야 합니다. 드라마와 같은 재현물이 우리의 고유한 삶을 온전하게 반영할 수는 없습니다. 우리 삶에는 보이는 것보다 보이지 않는 것이 더 많습니다. 우리 내면과 세상을 카오스나 복잡계로 보자면, 우리가 보는 서사는 디지털로 스토리텔링을 아무리 멋지게 편집한다고 해도 의미적으로 커다란 그물망에 고기 몇 마리만 남는 셈입니다.

예능방송에 예쁜 여자가 곤경에 처하고 남자들이 장애물을 통과하며 구출하러 가는 장면이 자주 나왔습니다. 남자가 구하지 못하면 여자는 비명을 지르며 물에 빠지거나 밀가루를 뒤집어씁니다. 그런 게임쇼의 서사는 우리가 일상적으로 직면하는 남녀 관계의 복잡성을 간단하게만 보여줍니다. 게임쇼만 그런가요? 나는 지크문트 프로이트와 같은 학자도 과장된 원인과 결과의 논술로 인간다움에 관한 엄청난 구라를 만들었다고 생각합니다. 워낙 그럴 듯하고 후대가 잘 포장해서 그렇지, 나는 그런 수준의 무의식과 억압의 방어기제만으로 우리의 관계정체성이 단순화될 수 있다고 보지 않습니다.

우리가 고립과 고통을 벗어나기 위해서 서사로 새로운 꿈을 꿀 수 있었다는 말씀을 드렸습니다. 그러나 우리의 비판적 언어감수성으로 서사가 재현하는 내면과 세상의 질서에 한편으로는 경계심도 가져야 합니다.

읽고 보이는 것으로 하루를 버티기

비가 내린 날이었어요. 감정을 다스리기 쉽지 않았죠. 좋아하는 사람으로부터 상처가 되는 말을 들은 날엔 일의 집중력이 떨어집니다. 뭘 해도 신통치 않습니다. 하던 작업을 중단하고 책도 보고 영화도 봤습니다. 하루가 거지같다고 느꼈고 그럭저럭 버틴 날이었습니다.

아무것도 하지 않으며 버티긴 힘듭니다. 이럴 땐 눈에 밟히는 책을 훑어보곤 합니다. 마침 무라카미 하루키의 소설이 눈에 들어왔어요. 예전에 읽다가 중단한 《상실의 시대》였죠. 이런 책은 엉망인 내 감정을 아주 찐득한 늪에 빠뜨려요. 비가 오는 날엔 오래 붙들고 있지말아야 합니다. 허무와 비탄에 빠질 수 있어요. 하루키가 쓴 책 중에는 에세이 《달리기를 말할 때 내가 하고 싶은 이야기》가 제일 좋았어요. 전자책으로도 읽고 종이책으로도 읽었죠. 그런 책에서 전달되는 감성적인 일상이 다 내 얘기만 같아서 하루키의 다른 에세이도 읽었죠. 그렇지만 다른 건 신통치 못했어요.

하루키의 소설은 더 별로입니다. 소설 독자의 몰입은 공감에서 가능한데 그게 안 될 때가 있어요. '주인공이 누군가를 찾는다. 떠난다.' 존재의 모험이랄까요? 그러나 출구는 없어요. 뫼비우스의 띠처럼 겉돌아요. 자아를 자각하고 절망을 인식하고 위로와 회복을 느끼는 독자도 있겠죠. 그러나 나는 그저 텅 빈 느낌을 받습니다. 그냥 책을 안 보이는 곳에 밀쳐둡니다.

코엘료의 책이 눈에 들어옵니다. 《흐르는 강물처럼》이라는 에세이입니다. 그의 글은 쉽고도 일관된 주제의식을 담고 있어요. 무엇보다 아픈 마음을 잘 달래줍니다. 이런 날에는 온기가 느껴지는 코엘료의 책이 좋아요. 평단이 그에 관해 어떤 비평을 하든 신경 쓸 것도 없죠.

그의 글은 따뜻하고 깊어요. 여행지도 있고 크고 작은 꿈 이야기도 있습니다. 일상과 일화를 다루면서 순례자적 삶의 여정이 자주 언급됩니다. 지루할 뻔도 한데 위선과 거짓도 가차없이 고발하죠. 무엇보다 겉돌지 않는 느낌. 선명한 목적 지향성이 있어요. 지금 당장 어딘가 며칠 여행을 간다면 난 코엘료의 책을 가져갈 것 같아요. 내가 혹시 전업 작가로 살아갈 수 있다면 코엘료와 같은 글을 쓰고 싶습니다. 그는 유신론자인 듯합니다. 삶의 위대함, 자유의 간절함도 위트 있게 노래합니다.

코엘료의 글로 호흡하면서 지금 이 순간이 귀하다고 느껴집니다. 사랑이 아름답게 보이고, 불확실한 삶에 애착이 다시 생깁니다. 밖을 보니 어두워집니다. 이번엔 영화를 봅니다. 〈라라 랜드〉는 가슴 설레는 영화입니다. 꿈꾸고 사랑하고 분투하는 많은 이들이 생각났어요. 영화 속 재즈 피아니스트인 세바스찬과 배우 지망생인 미아는 홀대를 받지만 꿈을 포기하지 않았습니다. 서로의 꿈을 두고 얘기를 하는 중에 세바스찬이 꿈은 이런 것이라고 미아에게 열정적으로 설명하는데, 그게 참 멋진 장면이었습니다.

"It's conflict, compromise, and it's very very exciting."
(이건 충돌도 있고, 타협도 있고, 이건 아주 아주 흥미진진한 거야.)

희망은 인간이 갖는 것이니 거기에 갈등하고 조정하고 극복하는 인간성이 드러납니다. 그런 인간성은 언어를 배우고 사용하며 다른 누군가로 변화되는 언어사회화 과정에서도 비슷하게 드러납니다. 꿈을 말하는 인간도, 그런 인간이 사용하는 언어도, 그런 언어가 사용되는 사회도 모두 모순적이면서 가변적이고, 또 그런 만큼 역동적입니다.

자유도 그렇죠. 사회구조로부터 소멸되기도 하지만, 개인의 분투로 획득되기도 합니다. 우리는 개인과 개성을 위축시키는 지배적인 사회질서를 경계할 필요가 있습니다. 그렇지만 인간 주체가 창조적으로 구성하는 삶의 변화도 기대해야 합니다. 자유로운 삶은 나쁜 권력에게 뺏길 수도 있지만, 자기배려의 미학적 존재로 복원될 수 있습니다.

미아가 부르는 〈Audition〉이란 노래에 마음이 뭉클해집니다. 실패를 감수하면서도 최선을 다해보는 삶의 열의, 또 분투하는 만큼 감수해야만 하는 고뇌가 차분한 멜로디와 함께 전달됩니다. 그 장면만 보고서도 나는 결심합니다. 나는 휴머니즘을 비판하는 (후기)구조주의 논점으로 언어사용에 관해 연구하지만, 자유, 낭만, 창조적 인간 주체의 가치를 결코 쓰레기통에 버리지 않을 것입니다.

　밤이 깊어지기 전에 영화 〈어바웃 타임〉을 봅니다. 거지같은 날엔, 일단 오늘만 버티어야 할 순간엔, 심지어 코엘료의 에세이까지 읽어둔다면, 이런 로맨틱 코미디를 보면서도 삶의 의미에 대해 묵직하게 질문할 수 있어요.

　영화 속에 사랑스러운 대사가 너무 많습니다. 연인이 되고, 부부가 되고, 부모가 되며, 아들이고 다시 누군가의 아버지로 살아가는 일상이 오늘 읽은 코엘료의 에세이와 어쩜 이렇게 잘 어울리는지요. 오늘은 운이 좋은 날입니다. 주의사항이 있다면 레이첼 맥애덤스에 너무 빠지면 안 됩니다. 사랑스러운 여인으로 등장합니다. 그런 이미지는 지루한 일상을 살아야만 하는 우리에게 독이 될 때가 있어요.

　이 영화에서 가장 기억에 남는 장면은 남녀 주인공이 처음으로 만나 말을 교환할 때입니다. 초면에 서로 얼굴을 전혀 보지 못하는 깜깜한 카페에서 서로에게 말을 걸죠. 상대방을 보지 못하지만 그들은 호감을 갖습니다. 그 장면에서는 어떤 시각적인 혹은 공학적인 매체를 통한 재현도 없어요. 방향감각을 유도하는 어떤 단서도 없어요. 그냥 깜깜한 배경에서 말만 교환되는 1-2분 정도의 시간 동안 묘한 흥분감이 느껴집니다. 눈앞에 아무런 형상이 없는데 공간을 꽉 채우는 말소리가 반갑고도 사랑스러웠습니다. 보이지 않고 들리는 것만으로도 언어를 통한 실존이 온전할 수 있다고 느껴졌습니다.

《해리포터》를 영화나 기타 영상이 담긴 미디어로 처음 본 사람, 책으로도 보고 영화로도 본 사람, 책으로만 읽은 사람, 아니면 누군가의 구술로 플롯과 캐릭터를 전해들은 사람은 각각 해리포터에 관한 다른 의미구조를 가지고 있겠죠. 시각적이고 공학적인 경로로 재창조된 해리포터(의 이미지만)를 본 사람이 가장 화려하게 해리포터(의 서사)를 기억하고 상상할 수 있을까요? 아닐 수도 있어요. 영화로만 해리포터를 보았다면 영화 매체로 축소되고 편집된 해리포터만 떠올릴 뿐입니다. 화려한 멀티미디어, 모바일 컴퓨터, 메타버스, 인공지능 콘텐츠라는 호들갑 덕분에 우린 멈추고, 눈을 감고, 다르게 생각하고, 기발하게 상상하거나, 온전하게 회복될 기회를 잃어버리고 있는지도 모르겠어요.

잠깐… 거지같은 날의 감정적 재생에 관해 얘기하다가 다시 내가 하는 연구 분야로 논점이 새고 있어요. 일을 떠나 한가롭게 읽고 보고 느끼며 마음이 이제 좀 다스려진 것 같네요, 아직도 비가 조금 내립니다. 잠이 올 것도 같습니다. 늦은 밤의 빗소리가 참 좋습니다.

미니멀리스트로 산다는 것 1

우리의 삶은 우리가 선택하고 배치하는 언어와 기호의 총합

이기도 합니다. 나만의 자아정체성은 내가 매일 사용하고 있는 언어와 기호로 만들어진 존재성이기도 합니다. 누구라도 언어와 기호를 통해서만 표현됩니다. 철학자이자 심리분석학자인 자크 라캉은 그와 같은 의미작용이 주체의 위치성을 조정한다고 보았습니다.

달리 말하면, 우리의 삶이 분주하고 탐욕에 가득 차 있다면 우리가 선택한 언어, 우리에게 배치된 기호경관도 그것과 다를 바 없습니다. 소박하지만 강건한 삶을 추구한다면 그만한 생각을 유지시킬 언어와 기호가 자꾸 드러날 것입니다. 내가 사용하는 언어뿐 아니라 매일 입는 옷, 헤어스타일, 선호하는 제품 브랜드, 살고 있거나 즐겨 찾는 공간의 기호에도 드러날 것입니다.

나는 미니멀 라이프, 즉 미니멀리스트 정체성으로 살아가는 삶의 양식에 관심을 두고 있는데요 자연스럽게 내가 사용하는 언어, 내 주위에 배치된 기호도 미니멀리스트라는 정체성에 맞추어 달라졌습니다. 팬데믹 시대에는 한적하게 홀로 있는 시간이 많아서 미니멀리스트의 삶을 천천히 점검할 수 있었습니다. 나는 어떤 기호적 레퍼토리를 붙들고 살고 있었을까요?

예를 들면, 연구실 구석에 아주 오래전에 본 영화 DVD가 쌓여 있었어요. 〈이알(ER)〉, 〈죽은 시인의 사회〉, 〈홀랜드 오퍼스〉, 〈패밀리 맨〉, 〈페어런트 트랩〉…. 다시 보지도 않으면서 그걸 버리기는커녕 왜 눈에 보이는 연구실 구석에 배치해

두었을까요? 영화 표지를 살펴보니 멋진 남편, 자상한 아빠, 친절한 선생님, 영웅적 서사로 살아가는 남성성의 관념이 연상되었습니다.

그런 기억과 욕망이 문제라는 건 아닙니다. 그걸 붙들고 집착하는 만큼 나는 현재성에 집중하지 못하며 새롭게 이동할 수 있는 미래적 공간도 볼 수 없습니다. 이동하거나 달라질 수 없다면 지금까지 살아온 나로 계속 살 수밖에 없죠. 그러나 자아정체성은 평생 단일하지도 않고 영구적일 수 없습니다. 뜻밖의 질병이나 사고로 신체의 고통을 겪기만 해도 이전에 나였던 나는 더 이상 내가 아닙니다. 거창하기만 했던 자아는 한 방에 사라질 수 있습니다.

아름다운 풍경을 보면서도 눈으로 직접 만끽하지 못하고 스마트폰 화면으로 그걸 내내 찍기에 바쁜 사람들이 있습니다. 그렇게 저장된 풍경을 얼마나 자주 꺼내어 볼까요? 나는 긴 세월 동안 집착했던 표지와 장면 속 기호들로부터 나만의 이상화된 자아를 엄중하게 직면했습니다. 이젠 '지금 여기' 존재하는 현재성에 더욱 전념하고 싶었습니다.

망설였습니다. 그렇지만 샷 추가한 쓴 커피를 한 잔 더 마시고 아몬드를 깨작깨작 먹으면서 창밖을 멍하니 바라보다가 담담하게 모두 버렸습니다. DVD뿐 아니라 해외여행이나 출장을 다니며 구매한 이상한 스타일의 옷, 묵혀둔 옛날 일기장이나 수첩, 중고 전자제품까지 정리했습니다. 지금 버리지 않아도 언젠가 한번에 (누군가로부터) 폐기될 물건으로 보였습니다.

버리지 않고 어디 놔두면 어땠을까요? 그럼 세월이 또 흘러 문득 창고에서, 혹은 서랍장에서 마치 보물처럼 그걸 발견하고선 다가갈 만한 누군가에게 보여주며 말을 걸겠죠. 감상에 젖어서, 혹은 으스대면서 그런 물건의 역사에 대해 과장하겠죠. 아무도 몰라주면 혼자서 와인 한잔을 마시며 상념에 빠질 수도 있겠고요.

그렇지만 내 기억과 일상의 공간에 그런 기호들까지 모두 저장해둘 여유가 이젠 없다고 생각했어요. 특히 팬데믹 시대에는 동선조차 제한되었잖아요. 나는 담백하고 소박하게 살고 싶었어요. 용량 초과의 표지는 내 삶의 여러 지표에서 이미 드러났거든요. 상징체계로 내가 붙들고 있는 기호들은 내면의 문지기와 같아서 지금 더욱 기쁘게 누릴 수 있는 자유나 일상의 활력을 가로막고 있었습니다. 이제 그걸 모두 버린 만큼 자유롭게 뛰어놀 내면과 일상의 여백이 더 커진 셈입니다.

미니멀리스트로 산다는 것 2

나는 소유보다는 존재, 소비보다는 경험, 미래보다는 현재에 집중하면서 살고 있습니다. 거창하게 소비하고 과시하며 사는 인생을 선망하기도 했습니다. 시행착오를 거치며, 나는 지금 미니멀리스트의 삶에 충분히 만족합니다. 성실하고 차분하게 일하며 내 도움을 꼭 필요로 하는 분을 친밀한 관계에서 도우려고 합니다. 좋아하는 분들과 기쁜 시간을 보내기도 합니다. 불필요한 지출이나 소모적인 사교 모임은 없습니다. 입는 옷도 검소합니다. 그렇지만 자유롭고 당당합니다. 담백하고도 평안합니다.

나는 자발적 가난, 귀촌, 무소유를 언급할 만한 미니멀리스트가 아닙니다. 타인의 눈치를 보고 비루한 자의식으로 끌려다니는 인생을 살고 싶지 않을 뿐입니다. 미니멀리스트는 현실로부터 도망가는 것이 아닙니다. 오히려 나를 포획하는 현실을 당당하게 직면하는 용기가 필요합니다. 그래야만 버릴 건 버리면서 가장 소중한 것을 붙들고 살 수 있거든요.

평생 열심히 살고도 자녀가 결혼할 때 식장의 화려함이나 하객 규모에 신경이 쓰인다면, 수백 명이 객석에 앉아 있든 말든 너무나 비천하고 위험한 인생을 살고 있는 것입니다. 변호사나 교수보다 '작가'로 불릴 때가 더 좋다던 김두식 선생님의 《욕망해도 괜찮아》에서 본 논점인데 참 공감되었습니다. 자녀를 사랑하고 축복하는 것, 새출발을 기대하고 응원하는 것, 그것만으로 감사와 기쁨이 넘치지 못한다면 타인의 시선에게 본인이 누릴 수 있는 행복의 순간을 도둑맞은 것이나 다름없죠.

남의 눈치를 보며, 우리는 학교나 직장에서 늘 들떠 있어야 할 것 같은 강박증이 있어요. 왠지 더 능동적으로 무언갈 준비해야 할 것만 같고 그래서 들뜬 상태로 뭔가를 당장 시작하기도 합니다. 그래야만 리더도 되고 성공한다고 미디어는 가르치죠.

그렇지만 우리는 요란한 세상 한복판에서도 평화를 선택하고 생명의 에너지를 온전히 느끼면서 살아갈 수 있습니다. 나는 미니멀리스트의 삶을 지킬 수 있는 일상의 리추얼, 음식, 옷, 몸, 관계, 공간, 문화양식에 대해 관심이 많습니다. 예를 들면, 먹고 마시는 것도 그렇습니다. 미디어에서는 마치 경쟁하듯이 넘치도록 먹고 마시는 모습이 나오지만, 먹는 쾌락이 지나치면 기쁨은 오히려 사라집니다. 맛있다고 과식을 하면 정말 맛있게 먹은 순간마저 왜곡하게 되죠.

뭐든 넘치면 몸도 마음도 균형이 깨지더라고요. 먹든 놀든 일하든, 들뜬 상태에서 발산하는 쾌락은 절제되는 편이 좋다는 걸 뒤늦게 깨달았습니다. 생명의 에너지는 미온수처럼 한결같이 유지될 때 힘이 더 붙었습니다. 하는 일이 잘될 때가 있죠. 그때는 밤이 늦도록 식사도 하지 않고 앉아만 있으면 뭐라도 나올 것 같아요. 그렇지만 아쉽더라도 내일을 위해 (그리고 꾸준히 계속 일하려면) 몇 시간 열심히 일한 후에 딱 멈추는 편이 더 좋았습니다.

몸을 움직일 수 있는 산책을 매일 합니다. 현재성에 충실하려는 나만의 리추얼이죠. 그럴 때 느끼는 (과잉이 사라진) 담백한 평정심, 그게 참 편안하고 좋습니다. 밤에는 잠을 자야죠. 아침에 일어나면 일을 다시 시작합니다. 넘치는 쾌락은 없지만 생명을 느끼기 충분한 평화입니다. 탐나는 무언가를 빠르고도 능숙하게 소유하지 못해도, 성공의 욕망을 보란 듯이 채우지 못해도, '지금 여기서 나는 아주 딴딴하고도 기쁘다'라는 존재성을 느낍니다.

글쓰기도 그렇습니다. 분주하게 지내면서, 또 학술연구를 주로 하면서, 다른 글쓰기를 시도하는 건 쉽지 않았습니다. 초고를 만들면서 몇 년이 훌쩍 지납니다. 그런 중에 눈높이가 달라져서 써둔 것이 성에 차지 않아 초고를 계속 고치곤 합니다. 예전엔 그런 과정이 지루한 노동처럼 느껴졌습니다.

그런데 미니멀리스트의 여정 중에는 그런 일이 지루하지 않습니다. 지루할 수가 없죠. 다 버리고 귀하게 남겨둔 미니멀 일상의 중요한 의례이니 오히려 기쁘고도 담담하게 하는 편입니다. 책을 내고 성공하는 것이 목표가 아니니까요. 길가에 핀 꽃처럼, 하늘을 나는 새처럼, 내게 허락된 생명의 에너지를 글로 전하자는 마음이니까요. 잘되면 감사할 일이지만 잘되지 않는다고 위축된 삶을 자초할 이유가 없죠. 내가 채우지 못한 건 다른 누군가 채울 것으로 생각합니다.

오염된 삶의 현장에서 영적 감수성을 높이자는 켄 가이어 작가의 책 《묵상하는 삶》에 내가 좋아하는 이런 구절이 있어요. 열심히 섬김에 힘쓰지만 분주해 보이던 마르다에 대해 예수님이 말씀하신 내용을 해석한 부분입니다.

> "문제는 마르다의 준비가 아니라 산만해진 마음이었다. 많은 일 자체가 아니라 그 많은 일이 한 가지 꼭 필요한 일을 중심으로 돌아가고 있지 않다는 점이었다. 마르다에게는 일의 원천이 되는 고요한 중심이 없었다. 마음의 골방이 없었다. 회전하는 활동의 고정축이 없었다."[15]

나도 한때는 분주함이 자랑이었고 불평이 은신의 기술이었죠. 이젠 그렇게 지내고 싶지 않습니다. 고요한 중심을 지키면서 담담하면서도 대담하게 문제적 현실과 직면할 것입니다. 뜻밖의 위기를 다시 만나면 이렇게 구축해둔 평화가 깨질 수도 있겠죠. 그러나 마음 아주 깊은 곳에서 난 알아챘어요. 다른 누구는 말할 것도 없고, 나조차 결코 나를 온전히 변화시킬 수 없으며, 내가 감당할 수 있는 가장 귀한 분투는 평화와 사랑이 내 마음에 들어오게 하는 것이라고 말입니다. 나는 그런 마음이 채워질 수 있도록 시간과 공간을 찾아야만 합니다. 난 그런 기도를 자주 합니다. 어둠과 싸우려고 너무 애쓰지 말고, 또 나만의 의지를 드러내기 위해 애쓰지 말 것. 상황을 부정하고 잊거나 벗어나려고만 애쓰지 말 것. 빛을 가져올 수 있기를, 아니 빛이 내게 비춰지기를.

자유는 밖에서 제도와 정책으로만 만들어지는 실체가 아닙니다. 우리 마음에서도 매일 떠오르고 다시 구성되는 관념이기도 하죠. 바깥만큼 우리 내면도 격전장입니다. 미니멀리스트는 거기서 미학적으로 실존하기 위한, 내가 매일 성실하게 구성하는 자아정체성입니다.

(7)

버틸 수 있는 언어의 힘

대면으로 다시 만나야 하는 이유

"온라인으로 만나면 되지 굳이 번거롭게 대면으로 만나야 하나?"

예, 전 그렇게 생각합니다. 꼭 만나야 합니다. 포스트 팬데믹 시대가 열렸습니다. 마스크 없는 축제도 시작되었습니다. 나도 학생을 교실에서 다시 만나기 시작했습니다. 그렇지만 사각형의 화면에서 편의적으로 가르치고 배우고 만나는 의례에 모두 익숙해졌는지, 비대면 소통방식이 여전히 선호됩니다. 효율성이나 공리적 필요에 따른 접근성이 가장 중요한 이유입니다.

편리함은 중요한 사회적 가치입니다. 그러나 불편하게 보이는 대면 접촉이 다중적 감각으로 온전하게 소통할 수 있는 자원임을 잊지 말아야 합니다. 우리는 말과 글뿐만 아니라 표정과 동작으로, 함께 모인 넓은 공간의 레퍼토리를 활용하면서, 다양한 기호자원을 사용합니다. 늘 그래왔습니다.

눈앞에 펼쳐진 대면 공간이 새삼 거추장스럽고 산만하게 보일지도 모르겠어요. 대면 소통의 행위가 낭비나 과잉의 의례로 보일 수도 있겠습니다. 아무리 그래도 우린 효율성의 가치로만 살 수 없습니다. 우정도, 사랑도, 학습도, 어떤 종류의 열의와 헌신도, 투입과 효과를 예측하는 효율성으로 관리될 수는 없습니다. 인간과 사회를 향한 유희적이면서 관대한, 또는 진지하면서도 상호작용적인 호기심은 사각형의 화면으로 채워지지 않습니다.

우리는 잘 아는 사람끼리 화면 속에서도 반갑게 만날 수 있죠. 기득권력을 가지고 있고 언제든 마이크와 영상을 켜둘 수 있는 위치성을 가지고 있다면 화면 속 소통도 크게 불편하지 않을 것입니다. 그러나 그렇지 않은 형편이라면 네모난 화면은 상호협력적이고 의미협상적인 공간이 되지 못합니다. 시선이든, 말의 차례든, 소통방식의 절차가 마치 컴퓨터 프로그램처럼 이항으로 분리됩니다. 말이 겹쳐지면 안 되고 즉흥적이고 직관적으로 소통하기가 조심스럽습니다.

평면의 화면 안에 갇힌 듯한 다수의 '그들'은 무표정한 얼굴

모습으로 자리를 지키고 있지만 시간이 흘러가도 잘 들리지 않고 보이지도 않습니다. 그런 그들에게 능숙하게 말을 걸기가 쉽지 않습니다. 내 경험으로는 온라인으로 연결된 비대면 소통의 효과성이 지나치게 과장된 것으로 보입니다.

그래서 우리는 만날 수만 있다면 다시 만나야 합니다. 사각형 밖 넓은 공간에서 서로에게 호기심을 가져보는 대면 의사소통을 다시 시작해야 합니다. 효율성의 가치로 섣부르게 교육부가, 혹은 개별 대학이 거대한 규모의 온라인 강의나 정체불명의 비대면 교육과정을 빠른 속도로 확장하자고 다그치지 말았으면 합니다. 교수인 나도 온라인 강의가 편해졌죠. 그러나 한 학기를 열심히 가르쳐도 화면 속 학생들과 웬만한 친밀감조차 나누기 어려웠습니다. 가치와 감정을 드러내는 것이 민망했습니다.

코로나 바이러스의 확산으로 우리 모두 공포와 염려가 넘칠 때 교회도 문을 닫았습니다. 교회 앞에서 나이 드신 분이 울먹이며 조심하겠으니 예배당 안에 들어가게 해달라고 간청하는 모습을 뉴스로 봤어요. '집에서 온라인으로 예배 참가하면 되지 굳이 저러고 싶냐'며 책망 가득한 댓글들이 달렸습니다. 그렇지만 나는 그분의 심정을 알 것 같았습니다. 대면 예배는 그분이 오랫동안 지킨 귀한 의례였고 의지적인 삶의 실천이고 기쁨이었을 것입니다.

집에서 편히 와인을 마시면서 TV 화면으로 관광지를 구경

할 수 있습니다. 그래도 굳이 비행기를 타고 직접 걷고자 하는 사람들이 많습니다. 대면은 모든 감각을 동원할 수 있고 감정에 호소할 수 있는, 모험적이고 주도적인 앎의 경로였습니다. 대면 소통은 우리를 낭비하게 하고 갈등하고 싸우게도 하지만 그런 이유로부터 우린 각자 삶의 고유성과 열의를 품을 수 있었죠.

평생 대면의 전통에서 가르치고 일하고 꿈꿔온 분들이 원격으로 소통하는 매체에 익숙하지 못하다고 비아냥 받지 않았으면 좋겠습니다. 바로 눈앞에 보이는 서로 다른 모습과 세상 경관이 여전히 우리 삶의 소중한 자원일 수 있습니다. 당신도 어쩌면 대면의 소통방식으로 회복될 수 있어요. 사각형에만 갇히지 말고 다시 세상 밖으로 나갈 때입니다.[16]

MZ 세대와 소통하고 싶은 분들에게

청년들이 화가 많이 난 것으로 보입니다. 그런 그들이 못마땅한 기성세대가 있죠. 나는 청년을 가르치는 대학에서 일하고 기득권력을 가진 집단과도 많은 일을 했기에 양편의 입장이 일단 이해가 됩니다. 그래도 나는 청년 편입니다.

나는 예전보다 청년들 심정을 조금 더 알 것 같습니다. 그만큼 더 조심스럽기도 해서 섣불리 그들을 만나지 못합니다.

대개 강의실에서만 만나고 내가 잘 아는 분야를 열심히 가르치려고만 합니다. 혹시나 강의실 밖에서 만나더라도 정해진 시간에 약속을 하고 만납니다. 예전엔 밥도 자주 먹었죠. 대학원생이라면 학술 모임이나 기획 회의도 자주 했습니다. 지금은 대학원생도 잘 만나지 않습니다.

물론 내 연구에 더욱 전념하고 싶었고 나만의 공간에서 나만의 리추얼에 충실하고 싶은 마음도 있겠죠. 그러나 그보다는 그들과 말을 나누는 자리가 언제부터 조심스럽고 신중해졌기 때문입니다. 과거엔 그들이 너무 핑계가 많고, 감정적이거나 즉흥적이고, 목표를 성취하려는 의지가 부족하다고 생각했습니다. 그때 나는 그들을 내 방식으로 이끌어주고 싶었죠. 그렇지만 이제 깨달았습니다. 내 방식, 내 경험, 내 기억이 그들에게 동일한 기능으로 적용될 수 없다는 사실을 말입니다. 그들을 강의실 밖에서 만나 거창한 무용담이나 대단한 비법을 전하고 싶지 않습니다.

청년이 대부분인 대학에서 나는 싫든 좋든, 그들이 화가 난 상태이든 혹은 무심해 보이든 계속 만나야 했고 내 연구 분야를 가르쳐야 했어요. 나는 언어, 기호, 대화, 담화, 담론, 서사, 논증, 다중언어, 언어통치성, 언어감수성에 관한 내용을 가르치는지라 그들이 어느 위치에서 무슨 언어를 사용하며 어떤 정체성으로 살아가고 있는지 궁금했어요. 시간이 꽤 지나 시행착오를 겪으며 내가 꼰대 마인드를 가지고 있었다는 점도 알게 되었습니다.

그들은 멍하게 밖을 쳐다보기도 하고, 지루한 표정으로 졸기도 하며, 혹은 별 이유도 없이 무언가에 조급해 보이거나 별로 중요하지 않은 일에 격정을 드러내기도 합니다. 너무 모범적이라고 걱정하면서 또 한편으로는 너무 일탈적인 주체라며 염려합니다. 그들은 좀처럼 고작 한두 학기 가르치는 교수에게 자신들의 복잡하고 모순적인 삶의 단면을 드러내지 않아요. 말로 좀 더 나누면 좋겠지만… 글로 좀 더 표현하면 좋겠지만… 아무튼 그들은 욕망이 넘치는 듯하지만 금세 위축되고, 소심한 것 같지만 언제든지 씩씩한 캐릭터로 돌변합니다. 난 여전히 그들을 알다가도 모르겠습니다.

그들은 제도권이나 기득권력에서 요청하는 정형화된 언어 형태로 소통을 할 수 있겠지만 그걸 잘 따르고 싶지는 않은 것 같아요. 그들은 미디어에서 재현된 것보다 훨씬 더 많이 화가 나 있고, 꽤 많이 지쳐 있는 것 같기도 합니다. 피곤하고 아픈 사람들에게 정상적인 소통의 형식성을 요구할 수 없듯이 그런 이유로 그들의 언어와 기호를 파악하려면 그들이 처한 마음과 상황을 먼저 이해해야만 합니다.

그들과 소통을 하려면 아마도 이렇게 해야 할 겁니다. 먼저 그들에게 공식적인 말과 글을 강제하거나, 토론과 논쟁으로만 소통하려고 하지 마세요. 대화가 제일 좋고 아니면 서사로 나누세요. 의견을 전하고 나누려면 안전한 공론장이 보장되어야 하잖아요. 그들은 지금 사회질서와 자기 주변의 관계성을 두고 안전하다고 생각하지 않아요. 차라리 그들의 옷차림, 헤어스타일, 방문하는 공간이나 여가를 보내는 방식, 인터넷에 남기는 댓글을 보며 상상으로만 토론하세요. 마스크를 쓰고 있든, 이모티콘으로만 가득하든, 경박한 속어가 넘치든, 제발 따지지 말고 그나마 틈새에 드러나는 그들만의 기호자원을 살피세요.

조금 뭘 봤다고 이제 제대로 얘기하자며 다그치지 말아야 합니다. 그냥 한동안 보기만 하세요. 엎드려 있든, 그냥 침묵으로 일관하든, 그게 그들만의 소통 전략이려니 생각하세요. '보호의 대상'이 아니라 '권리의 주체'로 인정하려면 있는 그대로 드러난 그들의 실존을, 그들만의 고유한 소통방식을 먼저 존중해주세요. 아무 말도 안 하니까 모르겠다고요? 어쩌면 대화하기 싫은 사람에게 침묵으로나마 대응해야 자신의 존재감을 지킬 수 있는 것 아닐까요? 그때 입을 열고 말하면 완전히 지는 것이나 다름없으니까요.

그들도 다 잘하고 싶죠. 그런데 그게 잘 안 되기도 하고, 자꾸 해도 안 되니까… 화도 생기고 불안도 쌓이죠. 나도 정확하게는 몰라요. 그냥 눈치껏 살펴보니 그런 것 같아요. 사실 나도 청년 때 그랬죠. 나도 궁금했고, 밉고, 화가 나고, 초조했고, 격정적이었습니다. 그들도 그때 나처럼 도무지 알 수 없는 표정으로, 무심한 몸짓으로, 침묵하며, 열심히 하지 않은 척하면서 (그러나 들을 건 들으면서) 자신의 자존심을 지키는 중이죠.

잘나가는 분들이 보기엔 당연히 못마땅하겠죠. 그래도 너무 들이대지 마세요. 제발 입을 닫고 한없이 지켜보기만 하세요. 잔소리는 제발 그만. 친절을 요구하기 전에 먼저 친절하기. 엄격하게 평가해야 한다면 분명한 지침을 제공하고 사전에 약속할 것. 이해하지 못하겠다면 그냥 공간만 공유할 뿐 얘기하자고 말 걸지 말 것. 다행히 말을 받아 주면 씽긋 웃으며 오늘은 아주 조금만 얘기하기.

이게 내가 익힌 MZ 세대와의 의사소통 방식입니다. 난 정말 조심조심 그들에게 다가가고 그들이 허락하는 수준에서만 말을 걸고 있어요. 그들이 배운 것이 부족하다고요? 글쎄요, 얼마나 더 배워야 할까요? 제대로 가르쳐준 적도 없고요. 예의가 없다고요? 과연 중장년이 청년보다 무례하지 않다고 말할 수 있을까요? 공존하길 원한다면 인격적으로 존중할 것. 잔머리 굴리며 이용하지 말 것.

단일언어 사회 바깥에서

'이건 뭐지? 처음 들어 보는데…'

언젠가 시카고 공항 라운지에서 독특한 언어가 들렸어요.

공부한 적이 있었던 독일어 발음은 아니었습니다. 핀란드, 스웨덴, 노르웨이, 네덜란드 등 북유럽 여러 나라를 체류할 때 들었던 말과 비슷했어요. 리드미컬한 운율이 참 듣기 좋았습니다. '그쪽 지역의 언어일 것 같은데…. 아, 궁금하다.'

말소리가 들린 곳에 가서 예의를 갖추고 물어봤습니다. 역시 내 짐작이 맞았어요. 덴마크에서 사용하는 언어라고 했어요. 거기서 어떤 사회역사적 지위를 가진 언어인지는 모릅니다. 그것까지 알면 더 재밌겠죠. 세상 밖은 넓고 알고 싶은 언어들도 넘칩니다. 멀리 나갈 것도 없죠. 글로벌 기업이나 관광지를 방문하지 않아도 서울 조그만 동네의 언어경관을 한번 둘러보세요. 10년 전, 20년 전과 비교해도 언어경관이 많이 달라졌습니다.

한국어들의 조합도 마찬가지입니다. 대구에서 프랜차이즈 커피숍 '빽다방'에 간 적이 있습니다. 주문을 받으며 고객과 응대하는 직원의 말이 참 재밌더라고요. 대구 방언의 억양이 담겨 있지만 표준어로 통용되는 어휘와 문장구조를 사용합니다. 말차례를 주고받는 대화전략 특성을 보니 직원들이 표준적인 언어사용에 관해 사전에 교육을 받은 것 같아요. 영어단어, 대구 방언의 억양, 표준어의 문장형태, 커피 프랜차이즈라면 세계인이 공유하는 듯한 대화법. 이채롭고도 창의적인 언어들의 조합 아닌가요. 직원끼리나, 고객끼리는 대구 말이 사용되는데, 계산대에서는 다른 언어가 들립니다.

언어뿐 아니라 기호경관까지 주목하면 더 재밌습니다. 어디 카페에서라도 들어가 한번 둘러보세요. 천장을 보면 격자 모양으로 별별 색깔과 독창적인 조형이 디자인되어 있고 벽과 바닥에도 알 수 없는 타이포그래피나 이모티콘이 넘칩니다. 메뉴판에는 여러 언어와 기호들이 상보적으로 혼합되어 있습니다.

그런 경관과 달리 '우리'는 대개 한국어를 모국어로 사용하면서 한국에서 내국인으로 살고 있는 모노링구얼이라고만 단정합니다. '그들'의 언어는 '우리'의 것과 다른 외국어로 구분되었습니다. 원어민이 늘 참조되면서 비원어민의 언어능력은 문제나 결핍으로만 해석됩니다. 그렇지만 앞으로도 우리가 사용하는 언어를 국가언어, 민족언어, 원어민언어, 단일언어로만 계속 볼 건가요?

우리가 살아가는 삶의 양식을 관찰하면 우리-그들, 모국어-외국어, 원어민-비원어민 등의 이항적 경계는 모호할 때가 훨씬 많습니다. 우리는 축제, 여행, 구매, 관광, 사업, 유학, 이민 등을 목적으로 여러 언어와 기호를 레퍼토리로 묶어서 사용합니다. 이주민은 '그들'이지만 '우리'이고, '우리'도 얼마든지 '그들'처럼 살아갈 때가 빈번합니다. 팬데믹 시기에 안전과 방역의 이름으로 국가와 지역의 담이 높아진 적도 있었지만 다시 활기를 띠고 이주와 이동이 시작되었습니다. 여러 현장에서 영어는 우리의 모국어가 아니지만 일종의 세계어(링구아 프랑카, lingua franca)로 빈번하게 사용됩니다. 우리는 지금까지 학습하고 경험한 모든 언어와 기호를 전략적으로 활용하는 트랜스링구얼(translingual)로도 살고 있습니다.

언어들이 생태적으로 '공존'하고 경계를 넘어 '접촉'하며 다양한 필요로 '횡단'하는 속성이 폄하되는 곳이라면 모노링구얼리즘이 여전히 지배적인 이데올로기로 작동하는 곳입니다. 언어를 영토성, 단일성, 본질성의 가치로만 연결하고 심지어 언어들 사이에 위계적 질서가 있다는 인상을 줍니다.

TV쇼 〈나 혼자 산다〉에 미국에서 성장한 가수 에릭 남과 한국에서 '토종학습자'로 영어를 공부한 방송인 김영철이 나온 적이 있었어요. 에릭 남의 '원어민 영어'는 그의 서구화된 라이프 스타일과 연결되면서 멋있게 재현되었습니다. 그에 반해 김영철의 영어는 그의 밉상 캐릭터와 연결되면서 촌스럽고도 우스꽝스러운 언어로 묘사되었습니다.

물론 예능방송이니까 일부러 방송인 김영철을 희극적인 캐릭터로 설정하고 에릭 남과 그렇게 대비했겠죠. 그러나 예능방송이 아닌 매체에서도 에릭 남의 '본토' 영어는 대개 매력적이고 우월한 속성을 갖습니다. 비원어민의 시선에서 '워너비'로 위치됩니다. 김영철식의 '토종' 영어는 '본토' 영어와 비교되며 열등한 속성임을 함축합니다.

한국어든, 영어든, '본토' 원어민의 언어가 더욱 우월하다는 의식이 지배적이라면 사회구성원 다수는 언어를 혼종적이고

유동적이고 실용적인 속성으로 보지 못합니다. 예를 들면, 한국 조계종은 외국인 행자가 스님이 되려면 한국어능력시험(TOPIK) 1급을 취득해야 한다고 정해놓고 있습니다. 외국인이 한국에 체류할 때 한국어를 배우면 너무 좋죠. 그러나 불자나 행자의 삶을 살며 목표언어를 사용할 수 있는 능력이나 자격을 평가할 때는 보다 다양한 기회와 경로가 재고되어야 합니다. 단 하나의 표준시험으로 특정 등급을 획일적으로 요구할 것이 아닙니다. 사정관제도 같은 것으로 관리할 수도 있겠죠.

모노링구얼리즘에 관한 사회질서를 두고 나는 앞으로 많은 질문을 하려고 합니다. 한국은 국내 거주 외국인이 전체 인구의 5%를 넘은 것으로 추정됩니다. 경제협력개발기구(OECD) 기준으로는 이미 (아시아 국가 중 최초로) 다인종, 다문화 국가인 것입니다. 이민과 고령화로 이주민이나 단기 체류 외국인의 비중은 앞으로도 더욱 높아질 것이며, 내국인의 제2언어학습 경험까지 더하면 한국인으로 한국어만 사용하는 모노링구얼 숫자는 감소할 수밖에 없습니다. 사실상 다중언어를 자원으로 삼아 살아가는 우리가 언제까지 구태의연한 시험의 방식으로 단일언어능력을 측정해야 할까요?

모노링구얼리즘은 앞으로 정치적인 의제가 될 수도 있습니다. 통일 한국이 되면서 북한 주민(언어)과 우리(언어)가 공존하게 될 때, 혹은 외국인 노동자와 같은 이주민이 계속 유입되는 상황에서 우리 경제가 나빠질 때, 극우 정치세력은 단일하지 않은 언어를 사용하는 집단을 거칠게 공격할 수 있습니다. 일자리, 범법 행위, 사회통합 등이 언급되겠지만 모든 주장에서 단일언어를 사용하는 사회질서를 이상적으로 전제할 것입니다. 그들의 유입을 막거나 밖으로 내보낼 합법적인 명분 중 하나가 표준적인 시험을 통해 검증될 목표/단일언어능력일 것입니다. 이건 유럽과 북미 국가 등에서 이미 역사적으로 경험된 사례입니다.

가까운 미래에 지금 미디어에서 나타나는 냉소와 분노의 몇 배 수위로 언어소수자, 언어약자, 이주민의 언어사용이 공격받을 것입니다. '다른 언어'라서 차별하고 혐오하는 사회구조가 '제대로' 자리 잡게 되는 것이죠. 국내 학계조차 언어적 타자가 단일언어 사회에서 배제되는 사안을 심각하게 다루지 않고 있습니다. 모노링구얼리즘은 모노링구얼이 아닌 타자를 혐오와 차별의 대상으로 희생시킬 수 있습니다. 다양성의 가치와 멀티링구얼의 자원이 진지하게 재고될 때입니다.

명절의 언어잔치

명절에는 온 가족이 오랜만에 모였고 먼 친지도 방문합니다. 어색하기도 하지만 유쾌한 시간도 있습니다. 어른들이 모인 곳에서 가장 주목받는 스타는 어린 꼬마들입니다. "이렇게 많이 컸구나." 작년에도 같은 말을 하며 같은 표정으로 놀랐던 어른이 지갑을 꺼내 아이에게 용돈을 줍니다. 꾸벅 인사를 하고 아이는 후다닥 자리를 피하는데 바로 그때 곤혹스러운 말이 들립니다.

"노래 한번 해봐."

용돈 받았으니 노래 한 소절 하라는 것이죠. 명절마다 꼭 등장하는 풍경입니다. 그냥 모두 가슴에 손을 얹고 애국가를 함께 부르는 의례면 차라리 낫겠어요. 아이는 싫은 표정이 역력하고 한동안 실랑이를 벌입니다. 결국 엄마의 중재로 꼬마는 중앙 무대에 세워져서 귀엽고도 어리숙하게 〈곰 세 마리〉 동요를 겨우 마칩니다.

어벙벙한 어린 꼬마들이야 몇 소절 금방 부르겠지만 이미 초등학교까지 입학한, 자의식을 조금씩 갖기 시작한 아이라면 자기 차례가 오는 게 너무 싫죠. 낯선 곳, 게다가 명절 때나 만나는 어른들 앞에서 어찌 방실방실 웃으며 노래를 할 수 있을까요?

나는 그걸 바라볼 때마다 노래 한번 해보라는 어른부터 먼저 한 소절 하면 어떨까 생각합니다. 아이들에게 곡 신청까지 받으면 더 좋죠. 아이들의 요청이 있다면 중장년이나 노년의 나이에 맞는 율동도 해야죠. 징그럽고도 어리바리한 표정과 함께 말입니다.

노래를 끝까지 거부하는 아이도 있어요. 지친 엄마에게 기대어 아이는 얼굴을 찡그립니다. 아이의 눈에 생김새마저 완고해 보이는 낯선 어른이 정색을 하고서 이렇게 타이릅니다. "배짱이 없구나. 그런 건 할 줄 알아야 한다."

난 아직도 이게 무슨 말인지 모르겠어요. 뜬금없이 몇 소절의 노래를 하는 것과 배짱을 갖고 사는 삶의 태도는 아무런 상관성이 없어요. 나는 제발 명절마다 아이들이 노래 고문을 당하지 않았으면 합니다.

우리는 명절에 어울리는 기발한 의례들을 고안할 수 있습니다. 예를 들면, 늘 부르던 '곰 세 마리' 동요보다 동시를 하나 준비해서 낭송회를 해보면 어떨까요? 영어를 배웠다면 영시도 좋겠죠. 책을 읽었다면 1쪽 분량의 짧은 독후감을 낭독해도 좋겠습니다. 물론 이벤트를 하기 전에 일찌감치 약속도 하고 준비도 해야죠.

TV만 켜면 어른이든 애든 방긋방긋 웃으며 노래하고 춤추는 방송이 넘치는데 명절에 모두 모여서 그런 예능방송을 흉내 낼 필요는 없죠. 즉흥적인 노래보다 좀 더 다양한 형태의 말과 글의 잔치를 기획하는 것도 멋집니다. 황당한 아이디어라고요? 나는 아이들에게 갑자기 노래하라고 시키는 것이 더 황당하다고 생각합니다.

명절이 다가오면 노래든 춤이든, 낭송이든 독후감이든, 언어감수성이 있는 집안의 어른들이 리더십을 먼저 발휘하면 좋겠네요. 모두가 참여하긴 불편할 수 있죠. 그럼 아들이나 며느리 중에서, 혹은 사위 대표, 손자 대표 그렇게 몇 사람만 소리 내어 크게 읽고 함께 듣는 구술-낭독의 가정문화를 만들어보는 것이죠.

해본 적이 없으니 처음엔 어색하겠죠. 큰 집 가기 전에 식구끼리 연습도 해야 하고 서로 휴대폰으로 동영상을 찍어 보기도 합니다. 그게 재밌을 수도 있고 싫기도 할 것입니다. 영상에 담긴 불편한 웃음, 문장마다 시작하는 어색한 말투, 헛기침, 불안정한 시선이나 손동작이 민망할 수 있죠. 그래도 가족끼리 그걸 보며 한바탕 웃는 것이죠. 익숙한 가족이나 편한 친구 앞에서 연습하면 다른 공간에서 더 많은 청중 앞이라도 자신감이 조금 더 생길 수도 있고요.

읽고, 말하고, 함께 웃고, 박수를 치며, 글이 말이 되고, 말도 글이 되는 일상적인 언어활동을 명절과 같은 특별한 날에 작정하고 나누는 것입니다. 상상만 해도 낭만적이지 않나요? 해마다 찾아오는 가족 낭송회 혹은 스토리텔링 페스티벌의 전통!

고향에 다녀와서, 혹은 고향에 가지도 못하고 어떤 가정은 말이 사라진 침묵으로 시간을 보냅니다. 명절엔 부모도 아이도 지칠 수 있습니다. 부모와 친지 앞에서 겪은 속상한 일 때문에 배우자에게 버럭 화도 냈을 것이고 아이들은 눈치를 보다가 자기 방으로 숨어버릴 수 있어요. 그래도 오늘 밤엔 아빠와 엄마가 용기를 내어 서로에게 다시 말을 걸어 보면 어떨까요? 아이 방에 가서 소리 내어 책을 읽어줘도 좋겠습니다.

많은 가정의 구술문화는 주로 TV가 이끌어갑니다. 명절이 되어 북적일 때도, 손님들이 다 가버리고 난 후에도, 거실 가운데 위치한 커다란 TV는 누군가가 꺼낼 말을 찾아줍니다. 오랜만에 만난 가족은 서로의 안부를 묻곤 하다가 켜져 있는 TV 방송의 해설자가 되어버리죠. 명절에 가족이 다시 만나 서로 위로하고 재충전을 해볼 작정이라면 그놈의 TV부터 치워야 합니다. 분명 상처받고 지친 누군가가 있습니다. 침묵이 있어야 누군가 말을 꺼내기 시작합니다.

아이들은 학원에 가서 발표와 토론을 배우곤 합니다. 그런데 그걸 잘 배우려면 즐겁게 말하는 문화에 먼저 익숙해야 합니다. 그렇지 않으면 발표와 토론은 경시대회에서 벌어지는 승자와 패자의 대결일 뿐입니다. 그런 곳에는 배려도 협력도 없어요. 언어는 그저 나를 지키는 발톱이고 이빨일 뿐입니다.

환경운동가 존 로빈스는 음식이 바뀌면 세상이 바뀐다고 말했습니다. 다른 언어를 배우고 사용하며 달라지는 인간사회를 연구하는 나는 이렇게 주장합니다. '일상의 언어가 바뀌면 사람이 바뀌고, 사람의 언어가 바뀌면 세상도 바뀐다.' 말로 내 이야기를 하고 그걸 들어주는 상대방과 청중이 있다면 그만큼 덜 위험한 세상이 됩니다.[17]

불이행의 정치, 정치인의 언어

영국의 데이비드 캐머런 전 총리는 정계의 관행을 깨고 최연소 영국 총리로 취임했습니다. 인지도가 낮았음에도 이례적으로 보수당 대표로 뽑혔고, 6년 동안 총리로 재임했지만 브렉시트 국민투표 가결의 책임으로 허무하게 갑자기 사퇴했죠. 그래도 의회에서 마지막 질의응답을 할 때 캐머런 총리가 남긴 "저도 한때는 미래였습니다"라는 셀프 패러디는 지금까지 회자됩니다.

그의 말에 십분 동의합니다. 모든 정치인은 종국엔 실패합니다. 떠밀려 떠나니까요. 상실감, 회한, 때로는 배반감에 사로잡히곤 하죠. 갑자기 물러나게 된 캐머런 총리는 더 그랬겠죠. 그의 묘비명은 '브렉시트'가 될 터라는 농담이 넘쳤던 때였습니다. 그러나 비아냥을 받으며 물러나면서도 그의 언어는 여전히 리더다운 품격이 있었습니다. 그의 유머에 환호도 넘쳤습니다.

정치인뿐 아니라 누구나 분투하는 삶을 살다가 그렇게 갑자기 물러나곤 하죠. 예외 없이 앞선 자들처럼 성공만큼 실패하고, 사랑한 만큼 아파하고, 병이 들거나 늙고 잊히는 다음 차례가 됩니다. 하지만 그런들 또 어떤가요. 아프고 창피하고 실패해도, 그래도 자유롭게 꿈꾸고 사랑하고 질주한 삶이 있었다면 말입니다. 잘 놀았고 신나게 일했으니 기품을 버리고 웃음까지 내팽개칠 이유는 없죠. (달리 말하면 기품을 지키고 웃음을 지킬 언어/교육이 평생 우리에게 필요합니다!)

고집이 있고, 열정이 넘치는 사람은 성공한 만큼이나 배제되고 크게 실패할 가능성도 높아요. 그런 그들이 내리막을 직면하면서도 말의 윤기만큼은 여전히 반짝일 때 난 마음이 짠해집니다. 믿던 사람도 믿지가 않아요. 마음이 아픈데 픽 웃게 하는 말, 눈물이 나는데 기뻤다는 말, 두려움과 의연함이 교차되는 말, 그런 인생(의 말)은 모순적이지만 그만큼 역동적입니다. 딴딴해 보이면서도 밝아요.

그런 말 잔치라도 없다면 우리 모두 세상을 어떻게 버틸 수 있을까요? 말 잔치가 사라지면 과장된 힘이 들어가고 위험한 곳이 될 수 있어요. 근데 세상 살기가 녹록지 않아서 좋은 말이 안 나온다고요? 예, 그래도 말은 우리 내면과 세상의 거울 역할만 하지 않습니다. 다른 말을 선택하면서 새로운 기회가 올 수도 있죠. 다른 언어를 배치하면 기억과 기대는 다르게 편집될 수 있고요.

정치인의 권력지향성을 탓할 건 없습니다. 서로 신념이 다르고 차지할 권력은 제한적이라면 싸워야 할 때 싸워야죠. 그렇다고 해서 권력가의 언어가 늘 퍽퍽하고 거칠 필요는 없습니다. '진리'와 '거짓'으로 구분된 이항대립의 세계에 사는 정치인에게는 자신의 이념만이 진리입니다. 언어는 자신의 이념을 실현하는 무기이고 집단이 추앙할 교리를 만드는 도구일 뿐이죠. 그런 정치인에게 말랑한 의견, 다른 판결, 다양한 세상을 말하다가 혼쭐이 날 수도 있어요.

하지만 내가 배운 민주주의(의 언어)는 흰색이나 검은색만의 연장도 아니고, 빨간색이나 파란색만도 아닙니다. 덧칠 가득한 회색입니다. 해석하고, 경쟁하고, 합의하고, 다시 설명하면서 계속 포개고 덧칠하면 회색빛의 민주주의가 됩니다. 거기 언어는 말랑한 풍자도 있고 반박하는 말장난도 넘칩니다. 말과 글에 재갈을 물리고 단색이나 원색으로만 도배한 권위주의 사회의 언어와는 때깔부터 다릅니다.

구태의연하고 재미없고 서로 경직된 표정으로 으르렁대기만 하면, 서로의 말에 트집만 잡고 불이행의 정치만 강화됩니다. '정치의 실종'이라고 하죠. 같은 편끼리만 통하는 당파적이고 완고한 야유만 남겨집니다. 장르만 놓고 보면 우리 정치도 코미디, 드라마, 미스터리를 오가는 흥미진진한 서사물이죠. 그런데 위대한 지도자의 절대명령과 야심찬 제도에 관한 훈계만 넘친다면 우리가 어떻게 그걸 계속 보고 있을까요?

엄숙한 언어만으로 우리 마음을 훔칠 수 있을까요? 예를 들면, 우리 청년은 같이 바보가 되는 유머 코드를 좋아합니다. 내게 비호감이었던 캐머런 전 총리의 리더십도 그랬어요. 비관적 시선을 풍자로 비켜난 그의 기지를 본 이후부터 그가 아주 달라 보였습니다. 말 하나에 그럴 수 있냐고 하겠지만, 사실 처음 냉담한 마음이 든 것도 그 사람을 재현한 언어의 배치로부터 시작된 것이니까요.

정치인이라면 누가 국회에 분홍 원피스 입고 왔다고 타박이나 하지 말고, 뭐든 다양한 언어와 기호를 조합해서 선포든 반박이든 간청이든 제발 우리 눈과 귀에 보이고 들리도록 애써 주세요. 유머도 연습하고 주변 기자나 PD에게 잘 보여서 그런 모습이 드러나도록 부탁도 하세요. 그럼 우리도 그걸 보다가 한바탕 웃어볼 수도 있고 억센 마음도 좀 말랑해지겠죠.

난 그걸 정치인의 '이미지 메이킹'이라고 폄하하지 않을 겁니다. 이미지를 메이킹할 수 있는 말이 그렇게라도 자꾸 사용되면 경직된 우리의 언어-세상에 새로운 변화가 시작되는 거죠. 들을 만한 말이 사라지고, 서로 듣지도 않는 말만 넘친다면 그건 위험한 언어사회의 징후입니다.[18]

노아의 언어를 상상하며

영화 〈노아〉를 볼 때 흥미로운 상상을 했습니다. 영화 도입부가 지루해서 초반에 컴컴한 영화관에서 별별 생각을 다 한 듯해요. 나는 역사언어학 분야에서 연구해본 적도 없고 관련 문헌을 읽지도 않았지만, 〈노아〉 시대 사람들이 영화 속 할리우드 배우처럼 멋진 동작과 표정으로 '간지나게' 말하지 않았을 것으로 짐작합니다. 주연 배우인 러셀 크로우의 대사는 고대 언어의 형태와 거리가 멉니다. 당시엔 복잡한 감정과 함께 자신만의 논증을 선명하게 전달할 만한 통사구조나 어휘군도 없었을 것입니다.

그렇지만 〈노아〉에서는 가족 구성원끼리, 혹은 노아와 훼방꾼 사이에 벌어지는 갈등과 충돌이 모두 말끔한 언어의 형태로 묘사되고 서술됩니다. 도입과 배경, 문제적 사건의 등장, 갈등과 위기, 해결의 서사구조가 선형적으로 잘 구성되기도 했고요.

이런 상상을 해보면 어떨까요? 감독이 노아 시절의 대화를 고대 언어로 들려주자고 작정하고 〈스타워즈〉의 제다이 마스터인 요다가 말한 통사구조처럼 당시 시대를 연상하게 하는 상상적 문법체계를 만듭니다. 배우들은 고대 언어의 음운, 통사, 의미의 기능을 흉내 내고 관객은 그걸 현대 언어로 옮긴 자막에 의존하며 내용 전개를 이해합니다. 물론 할리우드 영화제작의 관행은 아니겠죠. 재정도 엄청나게 더 투입되어야 했을 테고요. 그래도 노아라는 성경 캐릭터로 영화를 만들자는 기획 과정에서 그런 논의가 한번쯤이라도 있었을지 궁금합니다.

고전 라틴어는 문자언어로 계승이 되었기 때문에 로마제국 멸망 후에도 흔적이 남아 있었지만, 노아 시대의 언어는 남겨진 것이 없을 테니 대체 어떤 규칙성이 있었는지 궁금합니다. 집단의 구성원끼리 성공적으로 의사소통을 했다면 언어사용에 관한 일관적인 형식체계는 분명 있었을 것입니다.

그렇지만 글이든 말이든 언어규칙의 범주는 매우 제한적이었겠죠. 문장들이 연결되는 형식체계는 임의적인 변수가 많았을 것이고, 대신에 의성어, 표정, 몸짓, 특정 기호의 배치에 의존하는 의사소통이었을 것입니다. 정교한 문법이나 어휘군이 발달하지 않았을 테니 비언어적 발성이나 관용구 형태의 지시적 소통이 많았고, 그렇다면 복잡한 상황 묘사나 감정 표현을 위해 기호들이 자주 동원되었을 것입니다. 그래서 〈노아〉 영화에서 의사소통을 하는 장면을 보면 마치 두 살 된 꼬마가 어른처럼 태연하게 말하는 것처럼 보였습니다.

물론 언어사용의 규범성 문제는 다른 차원의 논의입니다. 노엄 촘스키의 '보편문법'이나 스티븐 핑커의 '언어본능' 논리를 참조하면 고대 시대의 언어 역시 (지금 규범으로는 조악하겠지만) 보편적이면서도 심층적인 구조가 있었을 것입니다. 형태적 특성이나 복잡성과 상관없이 언어사용에 나름의 규칙구조가 있다면 그걸 사용하는 사람들이 인지적인 창의성을 발휘한 것입니다.

한국어는 어떤가요? 고조선 시대의 구술 언어는 어떠했을까요? 판타지 TV극에서 현대인이 고조선, 신라, 고려, 혹은 조선 시대 사람들과 만나는 장면이 자주 나옵니다. 우스꽝스러운 장면도 나오지만 그들은 대개 태연하게 의사소통을 합니다. 그렇지만 실제로 그런 일이 생긴다면 어느 정도 의사소통이 가능할까요? 내 판단으로는 단 1%의 소통도 쉽지 않을 것입니다. 사회적으로 통용되는 기호가 전혀 다르기 때문에 메타인지 수준의 의사소통 전략을 발휘하기도 어려울 겁니다. 같은 지역이라도 고대와 현대 언어는 서로에게 외계인의 언어로 들릴 뿐입니다.

언어는 변해왔고 지금도 변하고 있습니다. 미래의 언어는 어떻게 또 얼마나 변해갈까요? 전 세계인은 팬데믹의 고통과 격리를 겪으며 더욱 안전하고 살기 좋은 곳으로 이주하려는 욕망을 가집니다. 그들이 이동한 접촉지대에서 서로 다른 언어/기호들은 충돌하면서도 공존할 것입니다. 그런 공간의 언어학적 가치를 주목하는 연구자는 아직 많지 않습니다.

콘텐츠 기획이나 도시재생 계획, 혹은 새로운 소통 방식의 플랫폼 개발의 현장에서 지금과는 전혀 다른 유형의 언어민족성을 예견할 수 있는 상상력이 필요합니다. 내가 보기엔 이건 블록체인 기술이나 자율주행 자동차 연구보다 더 중요합니다. 노아의 언어를 상상할 수 있는 힘은 포스트 코로나 시대의 언어세상을 상상할 수 있는 힘이기도 합니다.

언어에 관한 상식, 언어 연구자의 역할

내가 하고자 하는 연구는 언어를 가르치고 배우고 사용하며 발생하는 결핍, 고립, 낙오, 갈등, 특혜, 탐욕 등의 문제에 관해 탐구하는 것입니다. 나는 일복이 터졌습니다. 우리 사회에서는 아직도 언어능력, 언어사용, 언어교육, 언어평가, 언어정책 등에 관한 배제와 차별, 불평등과 부정의가 넘치기 때문이죠.

나는 자본가 계급은 소멸되고, 노동자 계급이 주체가 되며, 생산의 공공 소유나 계급이 없는 공산주의 논리에 조금도 설득되지 않습니다만, 학계에서 통용되는 언어습득과 언어사용에 관한 문헌을 보면 다수는 마치 공산주의 수준의 논증으로 보입니다. 보편적 인간성, 평등한 관계성을 쉽게 전제합니다. 계급이란 변수가 상정되지 않는 이상화된 사회에서 언어권리와 언어정체성을 밋밋하게 다룹니다. 그러나 우리가 언어를 배우고 사용하는 현장은 욕망이 가득한 시장이고, 이익이 좀처럼 공유될 수 없는 권력의 담론장입니다.

언어능력, 언어습득, 언어사용, 언어사회화에 관한 문헌을 한번 찾아보세요. 아직도 언어 '시장'이나 언어적 아비투스 개념이 비판적으로 다뤄지지 않습니다. 이상적인 언어화자, 동질적이고 동등한 언어공동체를 가정하면서 언어로부터 구성되는 사회의 권력관계, 복잡계의 생태환경 등은 연구문헌에 제대로 등장하지도 못합니다. 이걸 엄밀하고도 집요하게 지적하는 국내 학자군이 많지 않으니 언어에 관한 세상의 상식은 좀처럼 변하지 않습니다.

학술문헌만 보다가 소설가 한강의 신문 칼럼을 읽고서 나는 마음이 금세 따뜻해집니다. '언어들의 자유가 위협받는 세계에 대해 반대합니다. 질문의 자유가 위협받는 세상에 반대합니다.' 짧은 글이지만 그녀의 논점이 얼마나 힘이 넘치면서도 따뜻한지요. 작가 한강을 개인적으로 만난 적도 없지만 짧은 기고문 하나만 읽고서도 그녀와는 어떤 무언의 동지처럼 느껴졌습니다. 우리에게 가장 끔찍한 디스토피아는 언어가 소멸하는 세상입니다.

장편소설 《희랍어 시간》도 내게 큰 영감을 주었습니다. 언어로만 존재하는 삶은 어떤 것일까요? 이 책을 보며 너무 긴장했는지 침을 자꾸만 꼴깍 삼킨 기억이 납니다. 살아가면서 언어가 갑자기 사라진다면 그때부터 우리는 어떻게 존재하고 무엇으로 버틸 수 있을까요? 시력을 잃어가는 희랍어 강사, 말을 잃어버린 수강생, 침묵과 저항, 그리고 미학적 실존과 언어의 기능을 다룬 통찰력 넘치는 소설입니다.

언어의 생성과 사멸을 메타포로 가득 채운 김애란 작가의 〈침묵의 미래〉도 읽는 내내 심장이 뛰었습니다. 모어든 영어든, 방언이든 표준어든, 언어는 대개 도구일 뿐이라며 폄하하는 시대에 우리가 살고 있잖아요. 언어의 사회적 속성에 관해 연구하고 강의하면서 그동안 내가 받은 상처가 치유되는 느낌이었습니다. 정복과 분석의 대상이기만 했던 언어가 아니라, 생명, 관계, 소통의 시선에서 바라보는 언어에 관한 서사입니다.

연구자가 이런 소설을 쓰긴 어렵지만, 학술문헌을 만들 때 좀 더 자유롭게 다양한 지식을 발굴하고 편집할 수 있으면 좋겠습니다. 물론 절충적이고 창발적인 연구를 발간할 때마다 그걸 부적절하거나 무용한 문헌으로 폄훼하는 학계의 문지기를 넘어서야만 합니다.

학문 후속세대를 양성한다는 대학원 교육과정을 보면 고만고만한 세부 전공 사이에 너무나도 굵게 경계선이 그어져 있습니다. 젊고 호기심 많은 교수조차 그런 경계선을 레테의 강처럼 바라봅니다. 언어를 전공한다는 학생들도 대학원에 재학하면 서사, 대화, 담론, 기호, 의미작용, 의사소통능력, 언어정체성, 언어권리, 언어감수성, 언어통치성 등에 관한 학제적인 논점을 배울 수 있겠죠. 여러 학술 분야를 횡단하며 새로운 방법론을 발굴해보고 인문주의에 관한 기초 소양도 키울 수 있습니다. 그렇지만 대개 들어오자마자 동굴 하나로 깊게 들어가서 밖으로 나오지 않습니다. 다른 어떤 인접 영역으로도 탐험적인 호기심을 갖지 않습니다.

그러나 코끼리 다리에 대해 잘 아는 전문가가 된다고 해도 코끼리가 움직이는 모습을 여기저기서 한동안 바라보긴 해야 합니다. 코끼리가 걷는 걸 공부하면 코끼리 다리를 분석할 때도 특별한 영감을 얻을 수 있습니다. 의과대학에 와서 곧장 이비인후과 전공의 수업만 집중적으로 듣는다고 해서 좋은 이비인후과 의사가 될 수 없는 것과 같은 이치입니다.

참 아쉽습니다. 학생들이 새로운 학문 분야를 개척하거나 학제적 횡단을 시도하려고 하면 "자기 일에도 시원치 못한 놈들이 무슨…"이라는 세상의 빈정거림을 감수해야 합니다. 언어에 관한 문제를 공적으로 다루고 일상에 적용하려고 하면 그걸 깔보는 사람들을 만납니다. 그냥 저부터라도 주눅 들지 않고 하던 걸 계속 할까 합니다. 언어사회는 우리가 살아가고 버티어야만 하는 엄중한 현실인데 마치 세상에 아무 일도 없는 것처럼 연구할 순 없죠. 그런 연구자는 마치 어른이 되길 포기한 피터팬과 다를 바가 없습니다.

담론과 언어감수성 교육

나는 국내 대학을 졸업하고 미국으로 가서 영어학과에서 대학원 공부를 시작했습니다. 학부 수업에서 공부했던 음운론, 통사론, 영문법과 같은 수업과 달리 'Discourse Analysis'라는 이름의 과목이 낯설고 어려웠어요. '담론' 혹은 '담화'로 번역되는 'Discourse' 연구는 대학원에 와서 처음 알게 된 분야였습니다. 발음이나 문법과 달리 신문과 방송, 광고나 홍보문구, 대통령 연설이나 정책문서에서 일관된 규칙체계를 찾는 과제가 쉽지 않았죠. 나는 대학원 공부를 시작하고서 처음으로 B 학점을 받았습니다.

그래도 다양한 장르와 스타일의 텍스트를 분석하는 작업이 재밌었어요. 이후로 대화분석, 언어습득론, 언어평가론 등 다양한 분야를 더 공부했고 한동안 언어능력을 검증하는 방법론만 전념했습니다. 박사를 마치고도 언어학, 교육학, 심리학, 통계학, 사회학, 인류학, 정치학, 미디어나 문화연구 분야 등을 횡단하며 학제적 연구자로 활동했습니다. 뭘 하든 간에 나는 다양한 유형의 'Discourse'를 수집하고 분석하는 일을 했습니다. 지금도 학부 과정에서나 대학원에서, 또는 동료 연구자들 대상으로, 담론연구에 관해 가르치고 있습니다.

참 재밌죠. 내가 대학원생일 때 가장 힘들게 공부한 담화와 담론, 대화와 서사에 관한 논증을 교수가 되어서 가르치고 연구합니다. 내가 요즘 학부 학생에게 가르치는 과목은 '담화와 서사'입니다. 언어사회에서 벌어지고 있는 별별 쟁점을 담화, 또는 담론 연구자의 시선으로 가르칩니다. 언어학적이면서도 사회학적인 분석을 동시에 요구하죠. 내 수업을 듣는 학생들에게 물어보면 나도 그랬던 것처럼 공부가 재밌기도 하지만 참 어렵다고 합니다.

우리가 붙들고 살아가는 상식은 본래부터 있었던 진실이 아닐 수 있습니다. 상식은 지배적인 지식/권력과 함께 개입된 담론으로 문제화될 수 있습니다. 세상이 담론들로 구성되었고, 사건은 담론들이 경쟁하는 현장이라면 단 하나의 진실보다 담론으로 상식이 만들어지는 효과에 주목해야 합니다.

하나의 진실만 늘 옳고 센 집단의 거센 고함만 메아리치는 곳이라면 담론들의 개입, 공존, 경합, 조정이 허락되지 않습니다. 민주주의는 빨간색만도 아니고 파란색만도 아닙니다. 흰색만도 아니고 검은색만도 아닙니다. 덧칠 가득한 회색이죠. 회색으로 덧칠된 담론들이 공존하고 경합할 때 권력은 교체되거나 견제될 수 있습니다.

거칠게 이편저편 둘로 구분되어 늘 비슷한 텍스트로 싸움을 일삼는 곳이라면 담론을 전략적이고 창조적으로 기획할 필요가 없습니다. 교육개혁을 주장하는 기획 기사를 하나 읽었는데 너무나 구태의연하다는 인상을 받았습니다. 지금은 "노예교육"이고 서로 "적"일 수밖에 없는 상황이니 생존해야 하지만 "놀다 보면, 자생 능력보다 먼저 획득해야 할 능력이 생겨나기에" 그냥 놀게 해주는 것이 좋고 "주인이 되는 공부"를 해야 한다고 주장합니다.

그걸 쓴 분은 한편에서만 편향적으로 구축된 교육 이데올로기에 돌멩이 하나만 더 얹은 것으로 보입니다. "노예교육"과 "주인이 되는 공부"를 이항으로 대립시키는 것은 지금 판을 그대로 묵혀둘 전형적인 정치경제적 논점입니다. 신자유주의 담론에 등장하는 문제, 결핍, 분발, 동원의 수사도 일방적이고 편협하지만 그에 대항하는 담론에 등장하는 권리, 인권, 평등, 공동체에 관한 주장도 거칠고 막연하게 보입니다. 구체적이지 못하고 새로울 것이 없다면 일단 대립이나 전쟁 수사라도 신중하게 사용하면 좋겠습니다. 지금이 지옥인 것만도 아닐 것이고, 칼럼을 쓴 분이 말한 변화된 미래가 천국인 것만도 아닐 것입니다. 새로운 교육에 대한 빈곤한 논거만큼 지금 교육을 보는 시선이 지배적인 담론질서에 결박된 셈이죠.

담론에 관한 교육은 학생 대상의 언어교육, 교양교육, 인문교육, 비판적 언어감수성 교육일 뿐만 아니라 우리 모두를 위한 평생교육, 미디어 교육, 민주주의 교육입니다. 성차별 담론이든 국뽕 담론이든, 누군가 반복적으로 선택하고 어딘가에 익숙하게 배치된 텍스트는 우리가 살아가는 지배적인 사회질서와 연결됩니다. 너무나도 당연하게 생산되고 유통되고 소비되는 지배 담론에 대해 우리는 계속 질문할 수 있어야 합니다.

언어기술은 자기배려의 기술

2020년 여름으로 기억합니다. 개성 남북연락소가 공포스럽게 폭파된 후에 북한의 고위 관료는 거친 말로 군사도발을 예고했습니다. 한없이 무례하면서도 권위적인 그들의 소통방식을 보며 서글프고도 비참한 감정을 느꼈습니다. 당시에는 우리 체육계의 폐쇄적이면서도 폭력적인 관행이 미디어에서 자주 보도될 때였거든요. 팬데믹으로 고통받던 시기에 권력이 강제하는 관행, 위계를 강요하는 권위주의 사회구조를 한반도의 남북 어디서나 지켜봐야 했습니다.

무력한 운동선수 개인에게나 가해하는 체육계에서만 그랬을까요? 아닐 겁니다. 갑질의 소통방식에 익숙한 기업, 위계적 질서로 가득 찬 학계도 마찬가지입니다. 예를 들면, 나도 일했던 한 학술단체는 설립되고 나서 교수 두 명이 회장, 부회장 자리를 번갈아 주고받았습니다. 둘 다 은퇴할 때까지 15여 년을 그랬습니다. 특별히 그분들이 그 자리를 반드시 지켜야 할 필요는 없었습니다. 그저 위계적인 가부장적 질서가 구조화되었기 때문이죠.

거기 회원이나 임원 모두 공부를 많이 한 박사이고 교수였습니다. 사람도 지식도 넘쳤지만 그렇게 가부장이 지배하는 권위주의가 한번 자리를 꿰차면, 소통하고 개방하고 서로 다른 말을 섞는 문화는 사라집니다. 누군가 골목대장을 하는 곳은 바깥 동네로 외연을 확장하지 않습니다. 횡단적 소통도, 인격적인 상호작용도, 다양성의 가치도 계속 사라집니다.

절차적 민주주의도 사라집니다. 가부장적 위계에 위축된 다수는 입을 다물고 질문도 제대로 하지 못합니다. 아니, 엄밀하게 말하면 아무나 질문하지 못합니다. 근사한 명분으로 떡고물까지 챙기는 핵심층(inner circle)이 생기면 반민주적 관행은 반지성적 문화로 연결됩니다. 뭐든 어물쩡 넘어갑니다. 깊은 성찰도 없고 변화도 없습니다.

그러나 물이 고이면 썩습니다. 지배적 권력이 편향적으로,

영구적으로 조직화되니까요. 그래서 북한 같은 곳은 전에도 무서운 곳이었지만 시간이 갈수록 더 공포스러운 곳이 됩니다. 그렇게 무서운 곳에서는 구성원 다수가 반복적으로 학습하는 처세술이 있습니다.

'가만히 있으라.'

권위주의 통치사회에서 무력한 개인들이 뭘 할 수 있을까요? 가만히 있는 것이 제일 좋은 처신이겠죠. 그런데 잠시만요…. 그건 세월호 사건 때 희생된 학생들이 배 안에 갇혀 안내방송으로 계속 들었던 말 아닌가요? "가만히 있으라." "위험할 수 있으니 움직이지 말라."

우리는 누르면 눌리는 주조품으로만 살아갈 수는 없습니다. 거친 바다는 무서웠고 폭우로 농작물을 쓸어가는 성난 하늘이 매정했지만 인간 주체는 무력하게 당하지만 않았습니다. 어부든 농부든, 고깃배를 만드는 기술이든 새로운 농경술이든, 인간은 뭐라도 감당할 수 있는 걸 감당하며 버티며 살았어요. 위험하더라도 가만있지만 않았기에 만들어진 문명사도 있었습니다. 구조화된 권력질서로 다수가 가만히 있는 상황에서도 위험을 감수하고 바꿀 만한 것을 바꾼 주체도 있었습니다.

언어를 배우고 사용하고 소통함으로써 능동적인 삶의 실천을 시도해볼 수 있을까요? 그럼요. 내가 《미학적 삶을 위한 언어감수성 수업》에 담은 핵심 주장이 우리 모두 언어와 기호를 새롭게 선택하고 배치하면서 전혀 다른 삶의 양식을 시작할 수 있다는 점이었습니다. 고립이나 구습에서 벗어나기를 기대하고, 기획하고, 또 과감하게 실천할 때 무엇이 그걸 가능하게 합니까? 마음을 바꾸어야 한다고요? 주위로부터 도움을 구해야 한다고요? 세상이 바뀌어야 한다고요? 다 맞습니다. 그런데 그런 모든 방법에 언어와 기호의 자원이 동원되어야 합니다.

언어적 행위는 다양합니다. 경청하기, 읽기, 이것저것 읽으며 잘 요약하기, 대화로 다시 묻고 의미를 협상하기, 스토리로 전달하거나 함축하기, 손을 들고 질문하기, 간단한 문구로 시선을 끌기, 논증적인 글을 길게 쓰기, 요점을 발표하기, 토론에 참여하기. 여기에 이모티콘, 사진, 표정, 동작, 옷차림, 헤어스타일 등을 포함하는 기호적 자원까지 포함되면 나만의 정체성이나 관계성에, 나를 둘러싼 사회적 관행에 새로운 변화를 기획할 수 있습니다. 언어와 기호를 선택하고 배치하는 기술은 권위주의 질서에서 버틸 수 있는 자기배려의 자원입니다. 이전과 다르게 사용하는 언어와 기호는 자신과 타자를 배려하고 다른 삶을 살아갈 수 있도록 돕는 자원입니다.

언어를 통해 삶이 바뀌지 않는다고 단정한다면 아마도 그런 경험이 없어서 그럴 것입니다. 언어를 배우고 사용하는 목적이 단지 시험을 준비하고 취업을 하고 정보를 교환하는 수준으로 생각한다면 그럴 수 있습니다. 그러나 의문문으로 질문하기, 수동태가 아닌 능동태로 행위의 주체를 분명하게 드러내기, 막연한 현재형보다 완료형과 부사구로 분명한 시점을 알리기, 도발적인 은유로 시선을 모으기, 종속절이나 비교급에 숨어 있는 당위적 전제에 대해 반박하기 등과 같이 우리가 사용하는 언어에 민감성을 가질 때, 정말 아무 일도 일어나지 않을까요?

보안과 격리, 차별과 배제, 폭력과 위계를 허락하는 권위주의 사회질서는 언어와 기호로부터 문제화될 수 있습니다. 물론 힘 센 누군가가 오랫동안 관행적인 질서를 주도하던 곳에서 다른 언어와 기호를 섞고, 다른 삶의 방식을 표현하는 건 쉽지 않습니다. 대자보로 주장을 하고, 국민청원 사이트에 감정적인 호소를 보태고, 다수가 모인 자리에서 손을 들고 질문을 하는 건 내게도 불편하거나 겁나는 언어적 실천입니다.

그래서 나부터 학생들에게 그런 언어기술과 언어감수성에 대해 가르칠 뿐만 아니라 그걸 수시로 다짐하고 또 일상적인 의례로 연습합니다. 매일 읽습니다. 매일 씁니다. 자주 주장하고 또 반박합니다. 내가 원하는 것은 자유, 서로의 인격이 존중되는 관계성, 차이와 다양성이 존중되는 사회질서입니다. 그걸 말과 글로, 서사와 논증으로 제안하고 주장하면서 세상에 나아갑니다. 그걸로 세상이 바뀔까요? 그럴 수도 있겠죠. 고만한 언어적 실천이 어딘가 쌓이면서 틈도 보이지 않던 권위주의 사회질서 한 켠에 변화의 물꼬가 트일지도.

후기

이런 책을 낸다는 건 쉽지 않습니다. 주어가 '나'로 시작하는 문장을 만드는 건 용기가 필요합니다. 연구논문과 학술 단행본을 출간해온 내가 그나마 감정과 일상을 드러낸 곳은 페이스북과 같은 온라인 공간이었습니다. 뭐라도 쓰지 않으면 견디기 힘들 때, 연구자 일지를 쓰듯이 그곳에서 사소한 소회를 남겼습니다. 다분히 개인적이거나 감상적인 글이었고 논거가 마땅치 않은 주장도 많았습니다. 그래도 난 거기 남겨진 내 글이 솔직해서 참 좋았습니다. 지우지도 않았고요.

자기검열도 있었습니다. 보여주려고 시작한 글쓰기가 아니었는데 너무 다양한 분들과 연결되면서 누군가에겐 어떤 글이 불편할 수도 있겠다 싶었습니다. 그렇지만 언어에 관한 별별 연구를 다 하면서도 고만고만한 글쓰기로 내가 경직된다면 연구자로서 나는 어디서 마음껏 뛰어놀 수 있을까요? 내가 겪고 있는 감정을 거기서마저 정직하게 보여주지 못한다면 다른 곳에서도 타인의 시선을 품은 채 글을 쓸 것 같았습니다. 난 1인칭 시점의 글쓰기를 중단하지 않았습니다.

세월호 사건부터 팬데믹 사태까지 지난 10년 동안 우리에겐 충격적인 사건이 많았습니다. 특히 코로나 19 팬데믹은 우리 모두에게 전쟁에 맞먹는 상흔을 남겼습니다. 사망자의 규모 때문만이 아닙니다. 자유와 개성을 억압하는 격리된 현실에 대한 절망감 때문이었죠. 우리 모두 국가로부터, 학교로부터, 직장으로부터 수많은 공문과 지침을 전달받았습니다. 감염, 격리, 차별, 대립의 소식에 지쳤습니다. 위험과 안전 얘기를 제외한 다른 언어는 모두 침묵했습니다. 각자 심리적 망명처는 찾았을지 모르겠지만, 마땅히 도망갈 곳이 없었습니다. 한국은 아주 촘촘한 나라이며 국가는 방역과 안전의 이름으로 우리의 사적 공간까지 침투했었죠.

그렇지만 나는 고통만 호소하며 살고 싶지 않았습니다. 허다한 무리가 내뱉는 화가 잔뜩 난 말에도 휘둘리고 싶지 않았습니다. 현재성이랄까요, 나만의 미학적 실존에 더욱 예민하고도 충실하고 싶었습니다. 느릿하고 촌스럽지만 딴딴한 존재로 살아가고 싶었습니다. 그때 내가 할 수 있는 최선은 책상에 앉아서 매일 글을 쓰는 일이었고, 그걸 책으로 만들어 세상에 화살처럼 쏘아 올리는 것이었습니다.

초고를 마친 날에 눈이 왔습니다. 한없이 내리는 눈을 보는데 묘하게 봄기운이 느껴졌습니다. 그런 역설적인 공존을 좋아합니다. 비극성과 긍정성이 함께 묶인 공간 말입니다. 춥지만 따뜻한 느낌, 비관을 직면하지만 낙관을 쓰레기통에 버리지 않는 용기. 산고의 고통은 쳐다보기도 안쓰럽지만 새로운 생명을 기대하는 희망. 그런 걸 원고로 만들면서 결코 고립과 불안을 자초하며 도망가지 말자고 다짐했습니다.

  이 책을 낼 수 있어서 참 기쁩니다. 작년에《미학적 삶을 위한 언어감수성 수업》책을 낸 필로소픽 출판사에서 출간할 수 있어서 더욱 감사합니다. '나와 세계, 그리고 삶의 의미에 대해 고민하는 출판사'라는 문구가 눈에 쏙 들어왔고, 아늑한 창덕궁 옆길에 위치한 회사를 처음 방문했을 때 편집데스크에서 보여준 밝고도 친밀한 분위기도 좋았습니다. 이 책이 출간될 수 있도록 손을 내밀어 준 홍순용 편집자, 정성껏 원고를 읽고 사려 깊은 피드백을 준 김다연 편집자, 책의 중심 주제가 돋보일 수 있도록 도움을 준 구윤희 편집장, 모두에게 감사를 드립니다. 서로 경청하고 함께 도울 때 더 나은 책을 만들 수 있다는 걸 배웠습니다.

  아울러 이 책에도 등장하는 사랑하는 가족, 함께 일하는 동료, 소셜 네트워크 친구(독자) 그리고 중앙대학교 강의실에서 만나는 학생들에게도 고마움을 전합니다. 이들과 보내는 시간이 없었다면 이만한 글을 쓸 수 없었을 것입니다. 이제 팬데믹도 지났고 책을 몇 권 내면서 긴 터널을 빠져나왔습니다. 상실과 고립의 시간을 겪을 때 함께 우정을 나눈 모든 분들께 다시 한번 감사드립니다.

"

(#)

부록: 자유, 사랑, 언어에 관한 지침

자유에 관해서

본문에서도 언급했지만 나는 소설《1984》에 나오는 자유를 무참히 짓밟는 빅브라더가 참 무섭습니다. 오래전이지만 박근혜 정부 때 문화행정을 운영하면서 블랙리스트가 참조되었습니다. 국정원은 선거에도 개입했습니다. 교활하기보다는 무식하고도 야만적이란 생각이 듭니다. 정부도, 학교도, 기업도, 블랙리스트를 만들고 그걸 공유하고 통제하는 사회라면 북한처럼 전체주의 이데올로기가 작동하는 곳과 다를 바가 없습니다. 넋만 놓고 지켜만 보다가는《1984》의 서사가 우리의 일상이 될 수 있습니다. 오브라이언이 이렇게 경고합니다.

"자유로운 인간은 언제나 패배하네."[19]

그런 곳은 우리 입에 재갈을 물리고, 눈치를 서로 보게 하고, 알아서 입조심을 하게 합니다. 거기서 우리는 과연 온전한 자유를 꿈꿀 수 있을까요?

오만과 불통의 정부는 '촛불 집회'로 심판을 받았지만 국민의 지지를 받았던 당시 집권 여당 역시 민주주의를 왜곡했습니다. 국민은 거대해진 그리고 또다시 위험해진 권력 앞에서 눈치를 보게 되었습니다. 그런 중에 팬데믹의 공포까지 겹

쳤죠. 블랙리스트는 사라졌을지 몰라도 자유의 공간을 축소시키고, 사랑의 주체로도 소외시키는 권위주의 사회질서가 등장했습니다. 우리는 방역 준칙을 지켜야 하는 생물학적 개체로만 호명되었습니다.

자유를 너무나도 당연하게 억압해서 '자유'라는 단어가 마치 안전과 방역에 저항하는, 임의적이고도 반지성적인 개념으로 연상될 정도였습니다. 부모와 자식, 친한 친구나 연인 사이라고 하더라도 병원에서나 장례식장에서 얼굴만 한 번 보자거나 제발 형편을 봐달라는 간절함이 모두 무시되었죠.

대면으로, 혹은 다감각적으로 보고 듣고 느끼며, 근접한 거리에서 친밀함과 사랑을 교환했던 인류의 문화전통은 '방역과 안전의 이름으로' 너무나 쉽게 사라졌습니다. 무엇이 진실인지 늘 분명하진 않은데 우리 모두 그저 두려웠습니다. 바이러스 감염에 관한 거대한 담론질서에 순응적으로 반응할 수밖에 없었고, 우리 몸과 마음을, 자유와 사랑을 순순히 국가/권력에 양도했습니다.

자유를 억압하는 권력은 익숙한 상식으로 수용되었기 때문에 실제로는 잘 보이지도 않습니다. 프롬은 《자유로부터의 도피》에서 그걸 두고 이렇게 말했습니다.

> "익명의 권위에는 명령도, 명령하는 자도 눈에 띄지 않는다. 그것은 눈에 보이지 않는 적에게 포격을 받는 일과

흡사해, 맞서야 할 사람도, 싸워야 할 아무것도 존재하지 않는다."[20]

즉, 우리는 눈에 명백하게 보이는 바깥 권력으로부터 자유를 획득했다고 생각하곤 하지만 은밀하게 퍼진 속박과 회유, 그로부터 만들어진 불안과 도피의 행위성에 관해서는 무지합니다. 그래서 100년 전, 10년 전에 비해 자유의 공간을 훨씬 더 많이 획득한 것 같지만 서로 다른 개성을 존중받으며 자유롭게 살아가긴 여전히 어렵기만 합니다.

그런 점에서 우리는 국가와 시장의 이름으로 개입하는 배타적 원리(주의), 공산(주의), 폐쇄적 민족(주의), 위계적인 집단(주의), 종교적 근본(주의)이 작동하는 사회질서를 경계해야만 합니다. 전체주의, 반지성주의, 열광적인 교조주의가 기능하는 곳을 작정하고 비판해야 합니다. 그런 곳은 십중팔구 자유의 온전한 가치가 제거되거나 왜곡되기 때문입니다.

사랑에 관해서

미디어에서 로맨스 서사가 넘치는데 내 눈에는 사랑하고 사랑받는 독립적인 주체성이 잘 안 보입니다. 반면에 세상이 자기중심으로만 돌아가야 하는 나르시시스트가 넘칩니다. 그들은 타인의 시선을 늘 의식하며, 약점을 감추고, 성과를 과장하며, 무대 위 배우처럼 심리적 군중을 품습니다. 특히 팬데믹 시대는 일상이 고립되었기 때문에 나르시시스트 자아가 더 커졌습니다.

나르시시즘은 자기애가 지나친 자아이기도 하지만 자기혐오적 상태이기도 합니다. 어디서 문제가 시작된 것인지 모르고, 자신에 관한 애증은 교차하며, 불만이 많은 만큼 자기애를 갈구하는 욕망은 다시 커지죠. 자신의 언어로 마음을 다스릴 수도 없고 일상의 의례를 새롭게 구성하지도 못합니다.

자신이나 타인을 사랑한다는 의미가 뭘까요? 대중 서사에서는 신비롭고도 운명적이고 낭만적인 로맨스로만 재현되며 사랑하고 사랑받는 삶의 다양한 단면이 제거되어 있습니다. 오직 사랑의 감정에 충실한 일원적 욕망, 그걸 상징하는 천편일률적인 기호들만 넘칩니다. 그렇지만 사랑이란 불완전한 둘만의 (혹은 보다 많은 주변 사람들과의) 권력관계로부터, 무엇보다 그들이 사용하는 언어로부터, 서로 협상하고 합의하는, 매일 실천하고 분투하는, 일상의 '노동'이자 사회적 '기술'입니다.

온전하게 사랑하려면 단 한 사람(과의 사랑)을 간단하게 대상화하거나 절대화할 수 없습니다. 우리가 만끽해야 하는 자유와 언어의 속성이 다원적이고 개방적일 필요가 있듯이 사랑의 속성 역시 순수, 집착, 운명, 영원의 속성에 고정되지 말아야 합니다. 절충, 모순, 혼합, 조정, 타협, 공존, 변화의 가치도 존중되어야 합니다.

이와 같은 사랑론을 붙든다면 프롬의 《사랑의 기술》 다음 구절이 참조되어야 합니다. "어떤 사람을 사랑한다는 것은 사랑할 줄 아는 힘의 실현이고 집중화이다. 사랑에 내포되어 있는 기본적 긍정은 본질적으로 인간 성질의 구현으로서 사랑하는 사람을 지향하고 있다. 한 사람에 대한 사랑에는 인간 자체에 대한 사랑이 내포되어 있다."[21] 사랑과 사랑의 주체를 바라보는 너무나도 멋진 관점 아닌가요?

사랑하는 우리 모두 사랑의 대상(객체)이면서도 적극적인 사랑을 선택한 주체라는 바우만의 논점도 참 좋습니다. 주체와 객체를 구분할 수 있고, 나란 주체를 사랑하듯이 다른 주체를 사랑할 때 우리는 더욱 자유로워집니다. 상대방도 나도 사랑의 대상일 수도 있음을 긍정할 때 갈등과 긴장을 붙들고 각자의 삶은 성장하고 변화할 수 있습니다. 그런 관계성을 수용할 때만 일상적으로 겪는 고통을 위로하는 관계성이 자리 잡을 수 있습니다.

달리 말하면 온전하게 사랑하려면 나르시시스트 자아부터 흘려보내야 합니다. 그렇지 않으면 타인을 제대로 사랑할 수 없습니다. 내 (연애) 서사에 그를 임시로 아주 잠깐 인색하게 초대할 뿐이죠. 그를 사랑하는 것이 아니고 그를 사랑하는 내 이미지를 오히려 더 사랑하는 것입니다.

그런 점에서 사랑은 한 사람만을 향한 지고지순한 헌신도 아니고, 매력을 느끼고 육체적 욕망을 즐기는 값싼 감각과 감정만도 아닙니다. 사랑은 인간 주체가 개입하는, 의지적이면서도 감정적이고 지성적인, 일종의 전인격적인 에토스와 같은 것이죠. 우리가 맘껏 누릴 사랑은 서로의 인격을 존중하는 자유와 동전 앞뒷면의 관계입니다. 자유로운 사람이 멋지게 사랑합니다. 온전한 사랑은 우리를 자유롭게 합니다.

현대화된 사회질서는, 특히 미디어가 주도하면서 사랑에 관한 신념, 가치, 논리적 사유를 모두 엉망으로 만들고 있어요. 자유를 온전하게 만끽하지 못하니 사랑도 왜곡될 수밖에요. 우리는 각자의 일상에서 사랑하고 사랑받는 자아정체성을 두고 성찰할 수 있어야 합니다.

언어에 관해서

앞서 말했듯, 자유와 사랑은 동전의 앞뒷면과 같습니다. '자유로운 사람만이 온전한 사랑을 선택할 수 있고, 안전한 사랑을 할 때 우린 자유로워집니다.' 자유와 사랑이 그렇게 결속될 때 '언어'는 중요한 매개 역할을 합니다. 우리는 인격적으로 소통할 수 있는 언어를 배우고 사용하면서 자유와 사랑의 주체로 성장할 수 있습니다.

이항대립의 의미구조로만 세상을 보게 하고 맥도날드화의 원리나 고부담/고위험 시험을 통해서 마치 숙련된 기능공처럼 언어를 가르친다면, 그곳에서 어떻게 자유와 사랑의 주체가 등장할 수 있을까요? 다양한 언어의 형태를 다양한 경로로 사용할 수 있는 자유가 없다면, 읽고 쓰고 듣고 말하는 방식은 획일적인 단일성의 규범을 따르게 됩니다. 언어를 가르치고 배우고 평가하는 현장은 국가나 시장의 공리로 통제됩니다. 자유와 사랑은 자기계발, 자기중심적 이기주의, 물질을 소유하기 위한 탐욕, 경쟁적 감정으로 동기화되겠죠. 그럼 언어학습자가 자신과 타자를 배려하는 언어감수성을 배울 수 있을까요?

언어를 배우는 과정이 불편하거나 두려운 일이 되고 있습니다. 언어를 가르치는 현장에 시기심, 경쟁심, 열등감이 넘칩니다. 모두가 표준화된 고부담 시험의 결과에 너무 민감하게 반응하고 있습니다. 잘하면 잘하는 대로, 못하면 못하는 대로 사회적 보상체계가 너무 이른 나이부터 적용됩니다. 그래서 잘하면 더 잘해야 하고, 못하면 빨리 따라잡아야 합니다. 언젠가는 실패할 것 같은 불안감이 늘 있습니다. 글을 쓰고 말을 하면, 누군가 나를 노려보고 내 약점을 지적할 것만 같습니다.

> '어떤 성취에도 불구하고 연약한 나를 결코 좋아하지 않을 것이다.'

우월감과 열등감의 경쟁구조에서는 이와 같은 강박적 심리상태를 자주 발견할 수 있습니다. 자유와 사랑은 나다움을 지키게 하는 가치이지만 우리는 그걸 경쟁구조에 헌납하고 있습니다.

자유와 사랑을 회복하려면 언어와 기호를 비판적으로 읽고 이해하고 실천하는 언어감수성이 필요합니다. 그걸 제대로 학습하지 못하면 앞으로도 우린 정치권력이나 미디어 권력이 만든 담론질서에 대해 질문할 수 없습니다. 질문이 없는 종속된 삶은 자유가 위축되고, 사랑이 왜곡될 수밖에 없습니다. "말을 없애버린다는 건 멋진 일이야"[22]라며 언어를 통제하던 《1984》의 빅 브라더가 우리 삶을 은밀하게 훔칠 수 있습니다.

늦게라도 언어감수성을 학습하면 자유와 사랑에 관한 우리의 의식은 달라집니다. 배타적이고 자기파괴적인 언어를 버리도록 교육받을 때, 자유는 우리의 고유한 인격을 성장시키며 사랑은 상호인격적인 관계를 학습하게 합니다. 언어와 기호의 매개로부터 우리는 자유를 되찾고, 사랑의 관계를 선택하며, 지배적인 문화 풍조에 맞설 수 있는 자아정체성을 갖게 됩니다.

미주

1 《타임즈코리아》에 기고한 칼럼 〈혼내는 오디션, 눈물 쏙 빼는 몰카방송〉 내용을 가감하여 다시 쓴 것이다.

2 《매일경제》에 기고한 칼럼 〈친절한 스튜어디스의 말이 폭력을 부른다?〉 내용을 가감하여 다시 쓴 것이다.

3 이자벨 자리, 《수첩을 들고 사막을 산책하다》, 이재형 역, 들녘, 2004, 128쪽.

4 《경향신문》에 기고한 칼럼 〈언어차별에 반대한다〉 내용을 가감하여 다시 쓴 것이다.

5 옌스 푀르스터, 《에리히 프롬》, 장혜경 역, 아르테, 2019, 103쪽.

6 《신동아》 2015년 4월호 〈김호기 교수가 만난 우리 시대 지식인: '전도하는 마음으로 미술사 연구 … 외롭지 않아' 유홍준 교수〉 인터뷰 내용에서 인용한 것이다.

7 《경향신문》 2015년 4월 23일 〈10년만에 신간 '담론' 출간 신용복 교수 "시대 넘는 '탈 문맥' 필요"〉 인터뷰 기사에서 인용한 것이다.

8 조지 오웰, 《1984》, 김기혁 역, 문학동네, 2009, 240쪽.

9 《경향신문》에 기고한 칼럼 〈폐쇄된 언어사회〉 내용을 가감하여 다시 쓴 것이다.

10 《타임즈코리아》에 기고한 칼럼 〈대립과 모순의 시대를 바라보며〉 내용을 가감하여 다시 쓴 것이다.

11 《경향신문》 2015년 5월 24일 〈'유동하는 근대' 지그문트 바우만〉 인터뷰 기사에서 인용한 것이다.

12	무라카미 하루키, 《직업으로서의 소설가》, 양윤옥 역, 현대문학, 2016, 28쪽.
13	무라카미 하루키, 《무라카미 하루키 잡문집》, 이영미 역, 비채, 2011, 92쪽.
14	F. 스콧 피츠제럴드, 《위대한 개츠비》, 김영하 역, 문학동네, 2009, 192쪽.
15	켄 가이어, 《묵상하는 삶》, 윤종석 역, 두란노, 2011, 124쪽.
16	《경향신문》에 기고한 칼럼 〈만나야 하는 이유〉 내용을 가감하여 다시 쓴 것이다.
17	《경향신문》에 기고한 칼럼 〈명절엔, TV를 끄고 '말'을 하자〉 내용을 가감하여 다시 쓴 것이다.
18	《경향신문》에 기고한 칼럼 〈정치인의 언어, 위험한 언어사회의 징후〉 내용을 가감하여 다시 쓴 것이다.
19	조지 오웰, 《1984》, 정회성 역, 민음사, 2003, 369쪽.
20	에리히 프롬, 《자유로부터의 도피》, 원창화 역, 홍신문화사, 2006, 143쪽.
21	에리히 프롬, 《사랑의 기술》, 황문수 역, 문예출판사, 2019, 91쪽.
22	조지 오웰, 《1984》, 김기혁 역, 문학동네, 2009, 67쪽.

버티는 힘, 언어의 힘

초판 1쇄 발행 | 2024년 2월 13일

지은이 | 신동일
펴낸이 | 이은성
편 집 | 김다연 · 홍순용 · 구윤희
디자인 | 다든
펴낸곳 | 필로소픽
주 소 | 서울시 종로구 창덕궁길 29-38, 4-5층
전 화 | (02) 883-9774
팩 스 | (02) 883-3496
이메일 | philosophik@naver.com
등록번호 | 제2021-000133호

ISBN 979-11-5783-331-3 03300

필로소픽은 푸른커뮤니케이션의 출판 브랜드입니다.